Guillermo Luna Durán

El poder de la *Biblia* para sanar

la buena estrella
ediciones

El poder de la Biblia para sanar
D.R. © La Buena Estrella Ediciones, S.A de C.V.
Amado Nervo 53-C, Col. Moderna
México 03510, D.F.

Licencia editorial para Bookspan
por cortesía
de La Buena Estrella Ediciones, S.A. de C.V.

Bookspan
One Penn Plaza
250 West 34th Street
NY, NY 10119

ISBN: 978-0-7394-9324-3

Diseño de portada: Raymundo Rodríguez Montoya
Diseño de interiores: Ana María Rojas Moreno
Formación: Sigma Servicios Editoriales/Elisa Martínez Jasso
Corrección: Victor Kuri Gil y Rafael Cervantes Aguilar

Índice

Los bienes espirituales

Una vida exitosa sólo lo es si colocamos en el centro de ella los valores del espíritu

Nuestro entorno

A todos nos afectan los grandes males sociales y ecológicos, ponga su granito de arena para afrontarlos

Índice de oraciones

Introducción

La Biblia, obra extraordinaria, inagotable, de infinita sabiduría, siempre tiene respuestas y mensajes de amor que nos permiten superar los problemas que nos depara la vida y que amenazan con vencernos. Este libro abreva de la Biblia y se estructura como una obra de consulta para los momentos en que necesites un consejo, una palabra de aliento, superar un momento de confusión, encontrar mayor voluntad y fuerza para alcanzar tus propósitos o simplemente dar gracias a Dios por estar vivo. Y para ello, nada mejor que recurrir al poder de la fe, pues las personas que la tienen permiten que la palabra de Dios las abrace, les brinde respuestas y consuelo. En estas páginas encontrarás una inspiradora selección de reflexiones y ejercicios espirituales basados en las Sagradas Escrituras. Asimismo hallarás oraciones extraídas del Antiguo y Nuevo Testamentos y de los Libros Deuterocanónicos, pero sobre todo del libro de los Salmos. Lo que he procurado es invitar a un conocimiento profundo de la Biblia a través de sus enseñanzas, pero al mismo tiempo he buscado que tengas una oración o frase de aliento que te permita continuar adelante, día con día, con un espíritu positivo. Los tiempos modernos nos mantienen con incertidumbres que imposibilitan la calma.

Cuando las ocupaciones diarias impiden el reposo, entonces debemos hallar un instante para consagrarlo al Señor. Él está allí para mostrarnos el camino y ofrecernos lo que necesitamos. Por ello es muy importante que procures consultar esta obra por lo menos una vez al día. Aquí encontrarás oraciones para toda circunstancia. Además de los enormes beneficios que conlleva la oración, esta obra se basa en el poder terapéutico de las Sagradas Escrituras a partir de sus lecciones. Cabe señalar que en la actualidad, los psicólogos están redescubriendo el valor de la sabiduría y la introspección de la Biblia. Muchos estudiosos han retornado al estudio de la teología debido a que mucha gente sufre angustia, desesperanza y ansiedad. Por ello, son cada vez más las personas que se vuelven en busca de ayuda a la más pura de las fuentes tradicionales de sabiduría e inspiración: la Biblia. Los Evangelios nos acercan a Jesucristo, el curador milagroso de enfermedades y males. El Hijo de Dios transforma las adversidades en lecciones sorprendentes que curan los problemas y dolores que la vida conlleva. Sin embargo debemos ser cuidadosos pues la Biblia no es un texto simplista. Se trata de un libro complejo, una visión de la vida en su dimensión más infinita. Sus recomendaciones son más vastas de lo que podríamos esperar y no fue escrita para hacernos sentir culpables o pecadores. Tampoco es un instrumento para usarlo en contra de nuestros semejantes haciéndolos sentir inferiores o indignos de las bendiciones de Jesús. La Biblia es una luz que nos brinda gozo, energía, paz y sanación. La Biblia es un texto sacro que nos prepara para la otra vida haciéndonos plenos en la vida presente.

Recuerda que Dios, nuestro señor Padre, con Su palabra quiere que tú y tus seres queridos sean felices. En Él se puede encontrar el descanso del alma que sufre. Él es el verdadero guía para comenzar una vida nueva.

Los pilares del mundo

Aprender las verdades fundamentales
sobre el funcionamiento del Universo,
base de la felicidad

Ser material y Ser espiritual

Jesucristo enseña:
Porque cualquiera que quisiere salvar su vida, la perderá; y cualquiera que quisie-
re salvar su vida por causa de mí, éste la salvará. Porque ¿qué aprovecha al hom-
bre, si se granjeare todo el mundo, y se pierda él a sí mismo, o corra peligro de sí?

¿Y qué adelanta el hombre con ganar todo el mundo, si es a costa suya, y
perdiéndose a sí mismo?

Lucas 9: 24-25.

Mi reino no es de este mundo.

Juan 18: 36.

No os hagáis tesoros en la tierra, donde la polilla y el orín corrompen, y donde
ladrones minan y hurtan; mas haceos tesoros en el cielo, donde ni polilla ni orín
corrompen, y donde ladrones no minan ni hurtan; porque donde estuviere vuestro
tesoro, allí estará vuestro corazón.

Mateo 6: 19-21; Lucas 12: 33-34.

No sólo de pan vivirá el hombre, sino de toda palabra que sale de la boca de
Dios.

Lucas 4: 4.

Jesús busca con su amor y ejemplo el bienestar y la salvación de la humanidad. Los hombres y mujeres escuchan la palabra sanadora y salvadora de Dios cuando dejan de preocuparse sólo por su ser material, por sus intereses de poder y de hedonismo sin límites y comprenden con el corazón y la mente, con fe y humildad, que lo importante es salvar su ser espiritual, sus almas, sin que esto signifique de ninguna manera que una vida para considerarse digna deba transcurrir en la miseria o en la pobreza.

La Biblia expresa en diferentes pasajes que la entrada al reino de Dios se abre cuando cuidamos nuestra esencia, nuestro ser espiritual, mediante la fe cristiana y la realización de obras buenas para el prójimo, para la sociedad en que vivimos. Cuando nuestros pensamientos, sentimientos y actos los orientamos hacia las necesidades de los demás y no solamente a las propias, nuestro ser espiritual se activa, se expande, relega el egoísmo, que aísla, y surge un camino cierto y maravilloso de bondad, hermandad y alegría que nos lleva a ser mejores personas y a acercarnos a Dios.

La palabra de Jesús nos motiva a la buena disposición para servir y fortalecer a los demás y ser la clase de personas que Él desea que seamos. El ser fraterno y espiritual se yergue como símbolo del estado de preparación de cada uno para ser sanado y obtener la remisión de pecados que conlleva el perdón divino.

En suma, quien hace del ser material un ídolo equivoca el camino, puesto que cada vez más queda prisionero de su ego y vuelve verdaderamente difícil encontrar la felicidad espiritual de la que Jesús habla.

Los dos caminos

¡Dichoso el hombre que no sigue

El consejo de los impíos,

Ni en la senda de los pecadores se detiene,

Ni en el banco de los burlones se sienta,

Mas se complace con la ley de Yahvé,

Su ley susurra día y noche!

Es como un árbol plantado

Junto a corrientes de agua,

Que da a su tiempo el fruto,

Y jamás se amustia el follaje;

Todo lo que hace sale bien,

¡No así los impíos, no así!

Que ellos son como paja que se lleva el viento.

Por eso, no resistirán en el juicio los impíos,

Ni los pecadores en la comunidad de los justos.

Porque Yahvé conoce el camino de los justos,

Pero el camino de los impíos se pierde.

Salmo 1

El amor

Dios es amor.

Juan 4: 16.

Dice Dios al hombre: "Me uniré a ti en la adhesión y en el amor".

Oseas 2: 21.

La ley mosaica responde al amor divino con el llamado: "Escucha, Israel, amarás a tu Dios con todo tu corazón, toda tu alma y todas tus fuerzas".

Deuteronomio 6: 4.

En el amor no hay temor, sino que el perfecto amor echa fuera el temor.

1 Juan. 4: 18.

Todo lo sufre, todo lo cree, todo lo espera, todo lo soporta. El amor nunca deja de ser.

Corintios 13: 7-8.

La prédica de Jesús resume lo esencial del mensaje de la Ley de Dios y de los profetas en dos mandamientos: "Amarás al Señor, tu Dios, con todo tu corazón, con toda tu alma y toda tu mente: éste es el principal y primer mandamiento". El segundo se le parece: "Amarás a tu prójimo como a ti mismo" (Mateo 22: 37-38). Y Pablo escribiría a los corintios: "Si me falta el amor, no soy nada" (Corintios 13). Esto es, el hombre necesita del amor de Dios y del amor humano para cumplir con el llamado a la salvación de su alma y a la felicidad. El amor es el motor verdadero y efectivo de nuestras acciones, nos eleva por encima de nuestros esfuerzos y es la norma que trasciende todo sentido de obligación.

El amor es el mayor mandamiento porque es la única motivación eficaz para salvarnos como humanidad y ser dichosos en la Tierra. Por ello, la sanación de nuestra alma se guía por la búsqueda amorosa del bienestar de los demás y no por el temor de tener que cumplir con mandatos religiosos o legales. Al contrario, el miedo como motivación nos hace ineficaces, ya que, como escribió San Pablo, "si diera todos mis bienes para dar de comer a los pobres, y si entregara mi cuerpo para ser quemado, pero no tengo amor, de nada me aprovecha" (I Corintios 13: 3). En otras palabras, por miedo, por cobardía, nadie podrá ser dichoso en esta Tierra ni salvará su alma. El amor busca la oportunidad de expresarse en el bienestar de los demás en lugar de tratar de cumplir con requisitos impuestos desde afuera a cada uno de nosotros. El actuar recto proviene del corazón y no de condiciones de la ley o de motivaciones impropias, efímeras y falsas. Es gracias al amor como superamos la desesperación de estar solos y la

angustia de sabernos separados de los demás. El amor a Dios
y a nuestros semejantes es el camino para encontrar los bienes más deseables de nuestra existencia. Es un sentimiento
que brinda paz y gran alegría. También significa la certeza
de que todos somos iguales a los ojos del Señor y, a la vez,
nos da la seguridad para enfrentar un mundo en el que, no
obstante los riesgos que enfrentemos y los errores que unos
y otros podamos cometer, siempre habrá la posibilidad de
lograr la reparación y el perdón en virtud de nuestras buenas
acciones y nuestro arrepentimiento sincero.

El amor, don divino, nos da sentido sobre lo que es justo
y verdadero, sobre la valía de las personas que nos rodean,
con sus virtudes y defectos, y permite que nos hagamos responsables de nuestro inmenso poder de elección a pesar de
nuestras limitaciones de ignorancia y fragilidad como seres
humanos.

El amor vuelve valiosas nuestras vidas porque potencia
nuestras capacidades humanas, nos rescata y nos cuida de
los peligros del mundo terrenal y, al mismo tiempo, nos
vuelve humildes ante los designios del mundo espiritual.

El amor es el anhelo de realizar lo que Dios representa en
cada uno de nosotros. Es el sentimiento que nos lleva a superar la soledad y nos conduce a la forma correcta de vivir al
centrar el sentido de nuestra vida en la ayuda al prójimo.

El amor es la manera inteligente, sensible, tierna y bonda-
dosa de encontrar la verdad y la unidad con los demás. Un

amor compartido une a las personas como ningún otro medio podría hacerlo.

El amor es encontrar en Dios y en nosotros mismos la realidad esencial de la existencia, esto es, el significado verdadero de nuestras experiencias en el mundo, a pesar de nuestras contradicciones en pensamiento y obra.

El amor es la fe y la esperanza en Dios, en nuestros semejantes y en nosotros mismos.

Dios es amor

Bendice a Dios, alma mía

del fondo de mi ser, su santo nombre,

bendice a Dios, alma mía,

no olvides sus muchos beneficios.

Él, que todas tus culpas perdona,

que cura todas tus dolencias,

rescata tu vida de la fosa,

te corona de amor y de ternura,

satura de bienes tu existencia,

mientras tu juventud se renueva como el águila.

Dios, el que hace obras de justicia,

y otorga el derecho a todos los oprimidos,

manifestó sus caminos a Moisés,

a los hijos de Israel sus hazañas.

Clemente y compasivo es Dios,

tardo a la cólera y lleno de amor;

no se querella eternamente

ni para siempre guarda su rencor;

no nos trata según nuestros pecados

ni nos paga conforme a nuestras culpas.

Como se alzan los cielos por encima de la tierra,

así de grande es su amor para quienes le temen;

tan lejos como está el oriente del ocaso

aleja él de nosotros nuestras rebeldías.

Cual la ternura de un padre para con sus hijos,

así de tierno es Dios para quienes le temen;

que él sabe de qué estamos plasmados,

se acuerda de que somos polvo.

¡El hombre! Como la hierba son sus días,

como la flor del campo, así florece;

pasa por él un soplo, y ya no existe,

ni el lugar donde estuvo vuelve a conocerle.

Mas el amor de Dios desde siempre hasta siempre

es para los que le temen,

y su justicia para los hijos de sus hijos,

para aquellos que guardan su alianza,

y se acuerdan de cumplir sus mandatos.

Dios en los cielos asentó su trono,

y su soberanía en todo señorea.

Bendecid a Dios, ángeles suyos,

héroes potentes, ejecutores de sus órdenes,

en cuanto oís la voz de su palabra.

Bendecid a Dios, todas sus huestes,

servidores suyos, ejecutores de su voluntad.

Bendecid a Dios, todas sus obras,

en todos los lugares de su imperio.

¡Bendice a Dios, alma mía!

Salmo 103

La fe

Pedid, y se os dará; buscad y hallaréis; llamad y se os abrirá.

Mateo 7: 7.

Se acercó a Jesús un hombre que, arrodillándose ante él, le dijo: "Señor, ten piedad de mi hijo, porque es lunático y está mal, pues muchas veces cae en el fuego y muchas en el agua. Se lo he presentado a tus discípulos, pero ellos no han podido curarle". Jesús respondió: "¡Oh generación incrédula y perversa! ¿Hasta cuándo estaré con vosotros? ¿Hasta cuándo habré de soportaros? ¡Traédmelo acá!". Jesús le increpó y el demonio salió de él; y quedó sano el niño desde aquel momento.

Entonces los discípulos se acercaron a Jesús, en privado, y le dijeron: "¿Por qué nosotros no pudimos expulsarle?" Díceles: "Por vuestra poca fe. Porque yo os aseguro: si tenéis fe como un grano de mostaza, diréis a este monte: 'desplázate de aquí a allá', y se desplazará, y nada os será imposible".

Mateo 17: 14-21.

La fe es garantía de lo que se espera; la prueba de las realidades que no se ven.

Hebreos 11: 1.

Jesús estaba a la orilla del mar, cuando llega uno de los jefes de la sinagoga, llamado Jairo, y, al verle, cae a sus pies, y le suplica con insistencia diciendo: "Mi hija está a punto de morir; ven, impón tus manos sobre ella, para que se salve y viva". Y se fue con él. Le seguía gran gentío que le oprimía.

Entonces, una mujer que padecía flujo de sangre desde hacía doce años, y que había sufrido mucho con muchos médicos y había gastado todos sus bienes sin provecho alguno, antes bien venido a peor, habiendo oído lo que se decía de Jesús, se *acercó por detrás entre la gente y tocó su manto. Pues decía: "Si logro tocar aunque sólo sea sus vestidos, me salvaré". Inmediatamente se le secó la fuente de sangre y sintió en su cuerpo que quedaba sana del mal. Al instante, Jesús, dándose cuenta de la fuerza que había salido de Él, se volvió entre la gente y decía: "¿Quién me ha tocado los vestidos?". Sus discípulos le contestaron: "Estás viendo que la gente te oprime y preguntas: ¿Quién me ha tocado?" Pero Él miraba a su alrededor para descubrir a la que lo había hecho. Entonces, la mujer, viendo lo que le había sucedido, se acercó atemorizada y temblorosa, se postró ante Él y le contó toda la verdad. Él le dijo: "Hija, tu fe te ha salvado; vete en paz y queda curada de tu enfermedad".*

Mientras estaba hablando llegan de la casa del jefe de la sinagoga unos diciendo: "Tu hija ha muerto; ¿a qué molestar ya al Maestro?" Jesús que oyó lo que habían dicho, dice al jefe de la sinagoga: "No temas; solamente ten fe". Y no permitió que nadie le acompañara, a no ser Pedro, Santiago y Juan, el hermano de Santiago. Llegan a la casa del jefe de la sinagoga y observa el alboroto, unos que lloraban y otros que daban grandes alaridos. Entra y les dice: "¿Por qué alborotáis y lloráis? La niña no ha muerto; está dormida". Y se burlaban de Él. Pero Él después de echar fuera a todos, toma consigo al padre de la niña, a la madre y a los suyos, y entra donde estaba la niña. Y tomando la mano de la niña, le dice: "Talita kum", que quiere decir: "Muchacha, a ti te digo, levántate". La muchacha se levantó al instante y se puso a andar, pues tenía doce años.

Marcos 5: 21-42.

a fe es la adhesión inquebrantable del hombre a la palabra y a la voluntad divinas. Es el asentimiento libre a toda la verdad que Dios ha revelado, por lo que el hombre se confía totalmente a Dios y cree absolutamente en lo que Él dice. Significa aceptar y perseverar en la "palabra dada" (*fides,* en latín), sin importar las dificultades y los obstáculos que puedan presentarse en la vida. Es el compromiso de la alianza entre los fieles creyentes y Dios. A los que desconfían o no creen, Jesús los llama "hombres de poca fe" (Mateo 8: 26).

Al mantener su promesa de amor, Dios se convierte en el primer fiel; Abraham en el ejemplo de hombre creyente, al que justifica su fe, y la virgen María en la realización más pura y perfecta de fe, porque siempre la mantuvo devotamente incólume hasta la última prueba, cuando Jesús, su hijo, murió en la cruz.

La fe es el don divino que hace posible la promesa de vencer el miedo, creer y confiar en la salvación del alma. Y si bien la fe puesta en Dios resulta incomparable a la fe puesta en un ser humano, la fe nos permite lograr cosas maravillosas en la vida, como mantener siempre el optimismo de la voluntad para salir adelante en las peores situaciones, por injustas, trágicas o dolorosas que sean; afirmar algo que sabemos que no nos es posible verificar en ese momento, aunque quisiéramos —por ejemplo, conocer absolutamente nuestro futuro; y sin embargo, gracias a la fe, en nosotros mismos y en los demás, lo podemos ver y construir con propósito y dignidad—; conseguir que permanezcan unidas familias, colectividades o sociedades enteras, ya que sin una fe extendida en el amor y en la decencia de los demás no habría poder coercitivo capaz de evitar la pronta separación o desaparición de los grupos humanos; posibilitar el conocimiento sistemático en cualquier materia: sin fe no

habría la paciencia ni la constancia para acumular conocimientos científicos y tecnológicos que redundan en teorías
e inventos modernos.

La fe, virtud teologal y virtud moral, nos permite comprometernos a superar fracasos y a no quedarnos detenidos
en lamentaciones. Por la fe confiamos en nosotros mismos y en los demás, tomamos decisiones y nos arriesgamos
a realizar nuestros sueños. Por la fe contagiamos de optimismo a quienes nos rodean: sean nuestros padres y hermanos,
sea nuestra pareja, sean nuestros amigos o las personas con
las que trabajamos en un objetivo común.

La fe vivifica nuestra creencia en Dios y nos revela la
importancia de las otras dos grandes virtudes: la esperanza
(que nos da una gran confianza en la vida y la gratitud y
la humildad de sabernos no abandonados por Dios) y la
caridad (por ella obedecemos los mandamientos de amar a
Cristo y a nuestro prójimo).

La fe es la energía que nos lleva a creer en los finales
felices, a encontrar soluciones a situaciones consideradas
"imposibles" por la razón y a decir "sin embargo", cuando
estamos en medio de un mar de dudas. Tener fe nos mueve
a esperar lo mejor de la vida y a guiarnos con el corazón por
el camino del bien y de la salud (anímica y física).

Acción de gracias. Petición de auxilio

En Yahvé puse toda mi esperanza,
él se inclinó hacia mí
y escuchó mi clamor.
Me sacó de la fosa fatal,
del fango cenagoso;
asentó mis pies sobre la roca,
consolidó mis pasos.

Puso en mi boca un canto nuevo,
una alabanza a nuestro Dios;
muchos verán y temerán,
y en Yahvé tendrán confianza.

Dichoso el hombre aquel
que en Yahvé pone su confianza,
y no se va con los rebeldes,
que andan tras la mentira.

¡Cuántas maravillas has hecho,
Yahvé, Dios mío,
qué de designios con nosotros: no hay comparable a ti!
Yo quisiera publicarlos, pregonarlos,
mas su número excede toda cuenta.

Ni sacrificios ni oblación querías,
pero el oído me has abierto;
no pedías holocaustos ni víctimas,
dije entonces: Heme aquí, que vengo.

Se me ha prescrito en el rollo del libro
hacer tu voluntad.
Oh Dios mío, en tu ley me complazco
en el fondo de mi ser.

He publicado la justicia
en la gran asamblea;
mira, no he contenido mis labios,
tú lo sabes, Yahvé.

No he escondido tu justicia en el fondo de mi corazón,

he proclamado tu lealtad, tu salvación,

no he ocultado tu amor y tu verdad,

a la gran asamblea.

Y tú, Yahvé, no contengas

tus ternuras para mí.

Que tu amor y tu verdad

incesantes me guarden.

Pues desdichas me envuelven

en número incontable.

Mis culpas me dan caza,

y no puedo ya ver;

más numerosas son que los cabellos de mi cabeza,

y el corazón me desampara.

¡Dígnate, oh Yahvé, librarme,

Yahvé, corre en mi ayuda!

¡Queden avergonzados y confusos todos juntos
los que buscan mi vida para cercenarla!

¡Atrás, sean confundidos
los que desean mi mal!
Queden consternados de vergüenza
los que dicen contra mí: "¡Ja, ja!"

¡En ti se gocen y se alegren
todos los que te buscan!
Repitan sin cesar: "¡Grande es Yahvé!",
los que aman tu salvación.

Y yo, pobre soy y desdichado,
pero el Señor piensa en mí;
tú, mi socorro y mi libertador,
oh, Dios mío, no tardes.

Salmo 40

La bondad

Porque tuve hambre y me diste de comer; tuve sed y me diste de beber; era forastero y me acogiste.

Mateo 11: 28-30.

Sed compasivos como vuestro padre es compasivo. No juzguéis y no seréis juzgados, no condenéis y no seréis condenados; perdonad y seréis perdonados. Dad y se os dará (...) Porque con la medida con que midáis se os medirá.

Lucas 6: 36-38.

Pero el que tiene bienes de este mundo, y ve a su hermano tener necesidad y cierra contra él su corazón ¿cómo mora el amor de Dios en él? Hijitos míos, no amemos de palabra ni de lengua, sino de hecho y en verdad.

1 Juan 3: 17-18.

Su vida y ministerio se pueden resumir al decir que Él anduvo haciendo el bien.

Hechos 10: 38.

Vale la pena escuchar una y otra vez el mensaje del Evangelio porque expresa hábitos de bondad para todos los seres humanos. ¿Quién conoce la gran influencia que podríamos ejercer si tan sólo fuéramos amables y bondadosos? La bondad, esa capacidad y disposición permanente para "hacer el bien sin mirar a quién", es el modo amable, fraterno, afectuoso, firme, considerado y generoso en que una persona que se asemeja a Jesús trata a los demás.

La personificación de la bondad y la compasión fue Jesús: Curó a los enfermos, fue caritativo y solidario con el sufrimiento ajeno, amoroso con los ancianos, los niños, los pecadores, los miserables y los desheredados, los extranjeros y las mujeres. Su mayor acto de bondad residió en morir en la cruz. Su sacrificio expiatorio nos liberó a todos de los efectos de la muerte y del pecado de acuerdo con las condiciones del arrepentimiento.

La bondad debe estar presente en todas nuestras palabras y obras. Si alguien necesita ayuda, podemos ser bondadosos y ofrecérsela sin dudar y, sobre todo, hacerlo sin ofender, afectuosa y cordialmente, y poniendo una gran atención e interés en ello.

Para ser felices, uno de los ingredientes principales es que seamos bondadosos, ya que, de esa manera, dejamos atrás la soledad y tendemos puentes de unión con nuestros semejantes. Sin embargo, la pregunta es: ¿Por qué nos cuesta trabajo ser bondadosos? Porque muchas veces sólo estamos centrados en nosotros mismos y en nuestra importancia personal. En otras palabras, el egoísmo es la causa de que no sólo nos alejemos de la gente sino de nosotros mismos, y de sentirnos más seguros cultivando la desconfianza, el rencor y el odio, que la simpatía y la amistad. Estar aislados perturba nuestra paz espiritual (nos volvemos herméticos y desconfiados), afecta nuestro bienestar físico (nos estresamos más), nos hace perder la alegría de la convivencia familiar y social y dejamos de ver y de disfrutar las cosas simples de la vida: no vemos un sol esplendoroso de medio día, flotando en un cielo más que azul y con pocas nubes; no nos detenemos con calma a aspirar el olor del césped y de la hierba después de llover; no percibimos la sonrisa de un niño, y tampoco apreciamos el sabor especial de la comida.

¿El antídoto? Insistir en el poder de sanación de la bondad amorosa, a pesar de que exista el prejuicio de que las personas buenas son débiles y tontas. La verdad es que la gente se hace cada más fuerte, más inteligente y, sobre todo, más feliz, en la medida en que su felicidad consista en dedicarse a servir bondadosamente a los demás desde cualquier actividad, oficio o profesión. El trabajo, el conocimiento, los bienes de consumo, los placeres físicos, los viajes, los entretenimientos o los deportes, cobran sentido si sabemos ser buenos con nosotros mismos y con los demás, si sabemos dar y recibir bondad y amor.

¿Es fácil ser una buena persona? No, no es sencillo. En ocasiones, por ejemplo, nos paralizamos porque no comprendemos las razones por las cuales le ocurren cosas malas a gente relativamente buena. Otras veces no comprendemos los designios divinos que hacen que el mal pueda ser usado para traer un bien mayor. Pero a pesar de las dudas o confusiones, siempre podemos decidir ser mejores.

Por principio de cuentas debe quedar claro que ser bueno no quiere decir ser blando, sumiso, ingenuo o falto de carácter, como a veces se cree. Al contrario: una persona buena, con vocación de servir al bienestar de su comunidad o al entorno en el que le tocó vivir se distingue por su personalidad optimista y por una energía que infunde sentimientos de confianza, afecto, agradecimiento y respeto.

En la vida todo es cuestión de práctica, y por eso entre más practiquemos ser buenas personas y ser de utilidad a los otros, con mayor naturalidad habrán de surgir espontáneamente en nosotros las buenas cualidades. Es como aprender a jugar un deporte o tocar la guitarra o el piano, entre más practiquemos mejores serán los resultados. Son los valores evangélicos los que aportan un estilo de vida basado en la bondad, la solidaridad y la fraternidad para poder llegar al camino de la salvación y la felicidad, como lo señala de forma inigualable San Mateo (5: 3-10), al hablar de las bienaventuranzas.

Una manera de calcular el valor de los hábitos de bondad que queremos afirmar es preguntar: "¿He ayudado a los demás a desarrollar su potencial? ¿He sido misericordioso con mis enemigos? ¿He superado enojos y resentimientos y he podido perdonar? ¿He sido menos egoísta y me he querido y respetado más a mí mismo y a los demás?

Al final de la vida no seremos juzgados por méritos académicos, dinero, fama, poder o por cuantas cosas maravillosas hayamos hecho. Seremos juzgados simplemente por "el balance" entre nuestras buenas y nuestras malas acciones. El Señor juzgará si a pesar de nuestros pecados y errores, nuestro actuar buscó apegarse en todo momento a la rectitud de conciencia y voluntad, lo que en términos bíblicos se llama "corazón".

Espejo de príncipes

Voy a cantar la bondad y la justicia,

para ti es mi música, Señor;

voy a explicar el camino perfecto:

¿cuándo vendrás a mí?

Andaré con rectitud de corazón

dentro de mi casa;

no pondré mis ojos

en intenciones viles.

Aborrezco al que obra mal,

no se juntará conmigo;

lejos de mí el corazón torcido,

no aprobaré al malvado.

Al que en secreto difama a su prójimo

lo haré callar;

ojos engreídos, corazones arrogantes

no los soportaré.

Pongo mis ojos en los que son leales,

ellos vivirán conmigo;

el que sigue un camino perfecto,

ése me servirá.

No habitará en mi casa

quien comete fraudes;

el que dice mentiras

no durará en mi presencia.

Cada mañana haré callar

a los hombres malvados,

para excluir de la ciudad del Señor

a todos los malhechores.

Salmo 101 (100)

Las leyes de Dios

Moisés en el monte Sinaí

Dijo Yahvé a Moisés: "Sube hasta mí; quédate allí, y te daré las tablas de piedra —la ley y los mandamientos— que tengo escritos para su instrucción".

Éxodo 24: 12.

Las bienaventuranzas
Viendo Jesús la muchedumbre, subió al monte, se sentó, y sus discípulos se le acercaron. Y tomando la palabra, les enseñaba diciendo:

> *"Bienaventurados los pobres de espíritu, porque de ellos es el Reino de los Cielos.*
> *Bienaventurados los mansos, porque ellos poseerán en herencia la tierra.*
> *Bienaventurados los que lloran, porque ellos serán consolados.*
> *Bienaventurados los que tienen hambre y sed de justicia, porque ellos serán saciados.*
> *Bienaventurados los misericordiosos, porque ellos alcanzarán misericordia.*
> *Bienaventurados los limpios de corazón, porque ellos verán a Dios.*
> *Bienaventurados los que trabajan por la paz, porque ellos serán llamados hijos de Dios.*
> *Bienaventurados los perseguidos por causa de la justicia, porque de ellos es el Reino de los Cielos.*
> *Bienaventurados seréis cuando os injurien, y os persigan, y os digan con mentira toda clase de mal contra vosotros por mi causa."*

Mateo 5: 1-11

xpulsados del jardín del Edén por haber conocido el mal (que se hizo presente en forma de serpiente) y no haber acatado la prohibición divina de no comer del fruto prohibido, los seres humanos buscamos la salvación de nuestra alma en la tierra y regresar al Paraíso perdido. Sin embargo, al igual que nuestros primeros padres, estamos en peligro constante de no saber aprovechar nuestra libertad, nuestro libre albedrío, y por ello podemos volver a caer, y de la manera más consciente, en tentaciones y en decisiones incorrectas que nos alejan de Dios y de las personas buenas.

Respetando nuestra capacidad de elegir entre el bien y el mal, Dios en su infinita bondad nos ofrece en las Sagradas Escrituras leyes, mandamientos, amonestaciones y guías para ayudarnos a alejarnos del mal e impedir que éste nos destruya.

La palabra de Dios refuerza nuestra voluntad para no elegir el mal, hacer a un lado la credulidad y optar por el bien. Sin embargo, la palabra de Dios debe ser escuchada por sobre todas las cosas con fe en ella, con el corazón, ya que su comprensión intelectual, su lectura, puede tener cierta incidencia en el ámbito de las virtudes morales pero no en el de las virtudes teologales, cuyo objeto directo es Dios. La obediencia a los mandamientos se requiere no sólo en la letra de la ley sino en el espíritu de la ley. Son las leyes de Dios las que iluminan el camino recto y seguro de los hombres hacia la vida eterna.

Las leyes del Antiguo Testamento señalan la necesidad de la fe, la esperanza y la caridad, pero también nos hablan de varias prohibiciones y castigos para evitar o restringir nuestras conductas de destrucción y muerte. Allí se relata que en el monte Sinaí, Dios entregó a Moisés en unas tablas de piedra, llamadas las Tablas de la Ley, los preceptos más importantes para regir a su pueblo: los "Diez Mandamientos", como son conocidos desde hace varios siglos, y que se transmiten en versión abreviada para hacerlos más comprensibles y fáciles de recordar a todos los creyentes. En el libro de Deuteronomio (30: 11), Dios manifiesta: "Porque estos mandamientos que hoy te prescribo no son superiores a tus fuerzas ni están fuera de tu alcance... Sino que la Palabra está bien cerca de ti, está en tu boca y en tu corazón para que la pongas en práctica".

Cuando Jesús dijo el Sermón de la Montaña, no suprimió ninguno de los mandamientos sino que enseñó cómo vivirlos a través de las bienaventuranzas: la misericordia, la paz, la justicia para todos, especialmente para los más humildes y olvidados. Con las bienaventuranzas Jesús recoge y ordena las promesas hechas al pueblo elegido desde Abraham, ampliándolas no sólo a la Tierra Prometida, sino al reino de los cielos.

Ahora, en este siglo XXI, las personas tenemos el mismo desafío que las personas del siglo I cristiano: ¿podemos escuchar las palabras de Jesús y realizar un cambio interior? ¿Podemos lograr la conversión moral y ofrecer consuelo, aliento y sobre todo felicidad, en el sentido de riqueza espiritual, al prójimo? ¡Por supuesto que es posible! Tenemos el potencial, las facultades morales e intelectuales, el espíritu para hacer el bien llevando a la práctica los valores centrales cristianos: el amor y el respeto a uno mismo y al prójimo (¿pues acaso puede darse lo que no se tiene?), la afirmación de la vida, la justicia, la libertad y la alegría.

Las enseñanzas de la palabra de Jesús nos invitan a un renacimiento de valores y actitudes, y a imitar el ejemplo de los grandes cristianos. Recordemos a la Madre Teresa, quien sabía por experiencia que la mejor forma de obedecer la ley de Dios y llevar a la práctica las lecciones de las bienaventuranzas era dar amor y compasión, bondad, generosidad y fe a nuestros semejantes. Fundadora de congregaciones religiosas caritativas, su misión comenzaba todos los días desde antes que saliera el sol para recorrer las calles de Calcuta, o los suburbios de distintas ciudades del mundo, en Líbano, Colombia, Venezuela, Tanzania, Albania o la India, para acudir en auxilio de los desvalidos y los damnificados.

La Madre Teresa es un símbolo admirable de la fuerza del espíritu para vivir la vida con congruencia entre lo que dicen palabras evangélicas y lo que muestran los hechos.

Elogio de la ley divina

Dichosos los que van por el camino perfecto,

los que proceden en la ley de Yahvé.

Dichosos los que guardan sus dictámenes,

los que le buscan de todo corazón,

y los que, sin cometer iniquidad,

andan por sus caminos.

Tú tus ordenanzas promulgaste,

para que sean guardadas cabalmente.

¡Ojalá mis caminos se aseguren

para observar tus preceptos!

Entonces no tendré vergüenza alguna

al mirar a todos tus mandamientos.

Con rectitud de corazón te daré gracias,

al aprender tus justos juicios.

Tus preceptos, los observaré,

no me abandones tú del todo.

Salmo 119 (118)

El futuro

El Señor, dueño del futuro

Renovad la memoria de los siglos antiguos; porque yo soy Dios y no hay otro dios ni nadie que a mí sea semejante.

Yo soy el que desde el principio anunció lo que ha de suceder al fin, y predigo tiempo antes aquello que todavía está por hacer. Yo hablo y sostengo mi resolución, y hago que se cumplan todos mis deseos.

Isaías 46: 8-10.

Mirad que yo me voy ya por el camino de todo el mundo. Reconoced con todo vuestro corazón y con toda vuestra alma que, de todas las promesas que Yahvé, vuestro Dios había hecho en vuestro favor, no ha fallado ni una sola: todas se os han cumplido. Ni una sola ha fallado.

Josué 23: 14.

"Jesús, acuérdate de mí cuando vengas con tu Reino". Jesús le dijo: "Yo te aseguro: hoy estarás conmigo en el Paraíso".

Lucas 24: 42.

 l Evangelio nos señala que Jesucristo nos ayuda a salvarnos en tres tiempos: en el pasado, con su ejemplo de virtud y sacrificio en la cruz; en el presente, con nuestra fe en Él; y, en el futuro, porque podremos ser salvos de manera plena cuando Él regrese y nos transforme a su semejanza.

El hecho de que Dios sepa el futuro, todo lo que ha de ocurrir, no necesariamente significa que la decisión del hombre esté predeterminada y que no sea libre. La libertad de hombres y mujeres, el libre albedrío, es un don que los seres humanos debemos saber emplear. Dios siempre hará su parte para proteger espiritualmente a sus hijos, pero lo que hagamos con nuestro presente y futuro es responsabilidad nuestra. El futuro hacia la salvación completa pasa por tomar las mejores decisiones en la vida con fe, inteligencia y valor.

Tenemos la libertad de decidir nuestro futuro, asunto que en buena medida está más allá de nuestra comprensión. El futuro siempre nos sorprende. No sabemos con total certeza cómo ni dónde estaremos dentro de un tiempo largo o ni siquiera mediato. ¿Qué sueños habremos realizado? ¿Cuáles serán nuestros éxitos y fracasos? ¿Cómo serán los hijos de nuestros hijos? ¿Hasta cuándo estaremos en el mundo? Lo más que podemos hacer es desear, imaginar, planear estrategias, trabajar día a día y confiar en que se cumplan todos nuestros proyectos. Tenemos un control sobre las cosas muy limitado. Si es imposible saber a ciencia cierta lo que nos depara el futuro, ¿quién puede saberlo? Para nosotros, creyentes, la respuesta es Dios. Únicamente Él sabe, y con lujo de detalles, todo lo que viene, lo que sucede en cada instante y lo que aconteció. Lo que el Evangelio nos muestra es que el futuro será promisorio si hasta el final de nuestra existencia elegimos ser mejores personas y cuidar de nuestro espíritu y el de nuestros semejantes. Lo primero es mantener la fe en Dios y enfrentar los problemas con valentía, la desilusión con alegría, los fracasos como oportunidad de aprender y los triunfos con humildad.

Debemos recordar que recogemos la cosecha de lo que sembramos, y que para obtener frutos antes debemos hacer el esfuerzo de arar y regar las semillas. Sin saber trabajar y sin tener un poco de paciencia, no podrá haber buenos resultados. Jesús nos enseña que el futuro que queremos debe ser construido con nuestras buenas acciones y logros, "obras son amores", dice el proverbio popular, y la vida premia los esfuerzos, no las excusas.

El futuro se gana cumpliendo nuestras promesas de hacer bien las grandes y pequeñas cosas. La humildad cristiana nos enseña que sólo podemos ser grandes en lo que nos proponemos si somos tercos y obstinados en ir haciendo bien cada pequeña cosa, día a día y de manera constante y modesta. Dios ayuda, pero si nos sentamos a esperar que las cosas sucedan porque así nos conviene, entonces es muy probable que las cosas nunca ocurran.

El futuro se gana sabiendo quiénes somos y con un profundo sentido de fortaleza y poder que da estar ciertos que

Dios no nos abandona, que nos acompaña en nuestro camino y que al final nos espera.

El futuro depende de lo que hagamos cada uno de nosotros por nuestra salvación. La enorme ventaja que tenemos es que nuestro Padre celestial nos dio una serie de instrucciones para no perdernos en el camino y disfrutar con alegría y confianza nuestro viaje por la tierra. Cumplir con cariño y devoción los mandamientos de la ley de Dios y los preceptos de la fe, la esperanza y la caridad nos orientarán en las noches más negras, en la soledad, en el abandono y en los momentos más dolorosos y desesperados.

Pero tampoco debemos pecar de ingenuos. Hay un imperio del mal interesado en que nos perdamos siguiendo caminos falsos. Esas fuerzas del mal y del pecado las debemos detectar a tiempo con el corazón, con la fe, con las señales que nos manda el Padre Celestial. Y es entonces que debemos ser cristianos responsables y saber elegir sin lastimarnos. Por lo general, los errores que cometemos van creciendo en sus consecuencias negativas a medida que crecemos. Las travesuras y pecadillos de un niño no se comparan a las que puede cometer de adolescente, joven, adulto y anciano.

Escuchar la voz de la conciencia es escuchar la voz de un amigo que viene a salvarnos para no pecar. Por supuesto que somos seres imperfectos y que cometeremos faltas y chocaremos algunas o varias veces con la misma piedra.

Sin embargo, lo que resulta crucial es aprender a rectificar nuestra conducta a tiempo mediante el arrepentimiento y nuestras buenas acciones. Podemos hacerlo.

Lo que ayuda a estar de parte del futuro que Dios desea para sus hijos, es que definamos uno o dos o tres sueños en la vida y luchemos por ellos. Es fundamental que tengamos propósitos en la vida, a manera de contar con un mapa de navegación para ir visitando los puertos a los que queremos llegar.

Finalmente, el futuro será nuestro si comprendemos que el verdadero bien que debemos asegurar es el bien espiritual porque sin éste de nada vale el bien material.

La omnipresencia divina

Señor, tú me escudriñas y conoces.

Sabes cuándo me siento y me levanto.

De lejos sabes ya mis pensamientos.

Cuando ando o me recuesto, tú lo miras

y en todos mis caminos.

No está aún en mi lengua la palabra,

y ya tú la conoces, Señor, toda.

Por la espalda y de frente a par me abrazas,

y sobre mí tu mano pones.

Maravillosa por extremo es para mí esta ciencia sublime:

no la entiendo.

¿Adónde podré ir lejos de tu aliento?

¿Adónde de tu faz huir podría?

Si a los cielos me subo, allí te encuentro; si con los

muertos duermo, estás presente.

Si tomare las plumas de la aurora, y en los lindes del

mar a vivir fuere,

también allí me llevará tu mano, y me asirá tu diestra.

Si dijere: Tal vez cubrirme puedan las tinieblas,

y por la noche, por lumbre, rodearme.

Las tinieblas no son para ti obscuras y la noche te luce

como el día: para ti obscuridad es lumbre clara.

Porque mis riñones has plasmado,

me tejiste en el seno de mi madre.

Gracias te rindo porque he sido tan prodigiosamente

conformado: porque maravillosas son tus obras. Y conoces

mi alma cabalmente.

Mi ser no te era oculto, cuando yo ocultamente me

plasmaba, y mi urdimbre tejíase en lo hondo de la tierra.

Mis actos contemplaron ya tus ojos y escritos en tu libro

fueron todos, y tasados mis días,

antes de que luciera ni uno de ellos.

A mí, empero, Dios mío, ¡cuán arduos se me han hecho

tus consejos! Si los cuento, son más que las arenas;

si hasta el fin llego, estoy aún contigo.

Así mates, oh Dios, al hombre impío,

y se alejen de mí los sanguinarios,

contra ti arteramente se rebelan

y pérfidos se engríen tus contrarios.

¿Y no es cierto, Señor, que a quienes te odian,

yo los odio, y a quienes se alzan contra ti los aborrezco?

Con pleno odio, los odio; ellos son para mí los enemigos.

Escudríñame, oh Dios, mi corazón conoce,

ponme a prueba y conoce cómo siento.

Y mira si es que voy por mal camino,

y condúceme tú por vía antigua.

Salmo 139

La muerte

Y cuando esto corruptible se haya vestido de incorrupción , y esto mortal se haya vestido de inmortalidad, entonces se cumplirá la palabra que está escrita: Sorbida es la muerte en victoria.

¿Dónde está, oh muerte, tu aguijón? ¿Dónde, oh sepulcro, tu victoria?, ya que el aguijón de la muerte es el pecado, y el poder del pecado, la ley.

Más gracias sean dadas a Dios, que nos da la victoria por medio de nuestro Señor Jesucristo.

1 Corintios 15: 54-57.

No existe misterio mayor para la humanidad, ni preocupación más grande a lo largo de su historia, que la muerte. Y, sin embargo, nuestro Padre nos ha prometido, con toda certeza, que los hombres de fe se han de ver libres de ella: "De la mano de Seol los redimiré, los libraré de la muerte. Oh muerte, yo seré tu muerte; y seré tu destrucción [...]" (Oseas 12: 14).

Mas para ver cumplida esta promesa debemos estar dispuestos a aceptar nuestra condición mortal con entereza, resignación y confianza. Porque Dios ha dispuesto que existan dos senderos para la muerte: el del castigo al pecado y el de la redención.

Todos conocemos la historia de Adán y Eva y de cómo desobedecieron a Dios comiendo el fruto del bien y del mal. Y fue a causa de este pecado que ellos mismos se condenaron a morir.

A partir de esta historia suele pensarse, erróneamente, que los primeros hombres fueron los principales responsables de que Dios haya castigado con la mortalidad al género humano. Y que padecemos una herencia injusta.

En realidad, este relato bíblico es también un retrato de la actitud y el comportamiento de los hombres en general. Porque basta echar un vistazo a la historia humana, y a la de cada uno de nosotros —repletas de guerras, robos, injusticias, vicios y desenfrenos—, para darnos cuenta que lo que heredamos no fue la muerte sino la tendencia a desobedecer las leyes divinas.

Por lo tanto, cada vez que incurrimos en pecado nos hacemos acreedores, una y otra vez, al castigo. A veces colectiva y desmesuradamente, como fueron las atrocidades de los nazis, pero también en lo individual y en cosas aparentemente pequeñas, como cuando ejercemos violencia física o espiritual contra nuestros familiares.

Pero Dios es misericordioso. Y nos dio a su Hijo para que nos reivindicara no sólo de los pecados, sino también del castigo de la muerte. Y así dice el apóstol Pablo: "Porque por cuanto la muerte entró por un hombre, también por un hombre la resurrección de los muertos. Porque así como en Adán todos mueren, también en Cristo todos serán vivificados" (1 Corintios 15: 22).

Pero si esto es así, ¿cómo es que los hombres aún seguimos muriendo? La respuesta también la tiene Pablo: "Necio, lo que tú siembras no se vivifica, si no muere antes" (1 Corintios 15: 36).

Esto significa que con la venida de Jesús, la muerte dejó de ser sólo un castigo y se convirtió en puerta para que los hombres de fe puedan acceder a la vida eterna. Dicho de otro modo: para ser liberados de la mortalidad es necesario que antes seamos transformados y esa transformación se opera mediante la misma muerte.

Puede parecer contradictorio, pero no hay tal, ya que el que muere con fe en Dios y en sus leyes no muere de la misma manera que el que descree. Éste es castigado y aquel es redimido.

Y aunque la perspectiva de morir llene de temor y angustia el corazón de todos por igual, aquellos que hayan realizado un esfuerzo sincero por acatar, de hecho y no sólo de dicho, los designios divinos, encontrarán que llegado el momento éste será de paz y serenidad. Por muy repentina, violenta o dolorosa que pueda parecer nuestra muerte física a los demás, el sufrimiento real sólo está reservado a quienes persisten en el pecado.

Porque está escrito: "Todo tiene su tiempo, y todo lo que se quiere debajo del cielo tiene su hora, tiempo de nacer, y tiempo de morir; tiempo de plantar y tiempo de arrancar lo plantado [...]" (Eclesiastés 3: 1-2).

Ésta es una verdad que los hombres de fe aceptan y entienden, y porque la aceptan y entienden hacen de su vida un testimonio práctico de las enseñanzas de Jesucristo: amor, misericordia, esperanza, justicia, verdad. Esto los libera del temor a la muerte, que no es sino el temor que nos causa saber que hemos pecado y no nos hemos arrepentido.

Así, pues, la mejor manera de prepararse para disfrutar —sí, disfrutar— una muerte pacífica, es mirar dentro de nuestro corazón y hacer un recuento de nuestros hechos para pedir perdón por el mal que hayamos causado, en la confianza de que si lo hacemos con sinceridad nos será otorgado el perdón y con él, el goce de la vida eterna.

Por ello, no es dado al hombre conocer la hora de su muerte física, para que en todo momento lleve una vida recta y fructífera, que no sólo sea grata a Dios, sino que mantenga su espíritu apartado del miedo a morir. En especial, si hemos tenido el privilegio de llegar a la vejez, para no abandonarnos al desencanto, el cinismo ni la ira; por el contrario, para cumplir lo más activamente que podamos, y hasta el último segundo, los mandamientos del Señor.

Porque cuando morimos en la fe de Cristo, en realidad no morimos; la muerte deja de ser castigo y se convierte en una especie de sueño, y se está en cumpliendo en nosotros la profecía bíblica de la resurrección.

Yahvé es mi pastor

Yahvé es mi pastor; nada me faltará.

En lugares de delicados pastos me hará descansar;

junto a aguas de reposo me pastoreará.

Confortará mi alma;

me guiará por sendas de justicia por amor de su nombre.

Aunque ande en valle de sombra de muerte,

no temeré mal alguno, porque tú estarás conmigo;

tu vara y tu cayado me infundirán aliento.

Aderezas mesa delante

de mí en presencia de mis angustiadores;

unges mi cabeza con aceite; mi copa está rebosando.

Ciertamente el bien y la misericordia me seguirán todos

los días de mi vida.

Y en la casa de Yahvé moraré por largos días.

Salmo 23 (22)

Los nuestros y los otros

Para convivir en armonía con nuestros
seres queridos y con nuestros semejantes

La familia

Honra a tu padre y a tu madre, para que se prolonguen tus días sobre la tierra que Yahvé, tu Dios, te va a dar.

Éxodo 20: 12.

Y se le acercaron a Jesús unos fariseos que, para ponerle a prueba, le dijeron: "¿Puede uno repudiar a su mujer por un motivo cualquiera?". Él respondió: "¿No habéis leído que el Creador, desde el comienzo, los hizo hombre y mujer, y que dijo: 'Por eso dejará el hombre a su padre y a su madre, y los dos se harán una sola carne?' De manera que ya no serán dos sino uno. Pues bien, lo que Dios unió no lo separa el hombre".

Mateo 19: 3-6.

Vosotros, maridos, amad a vuestras mujeres, así como Cristo amó a su iglesia.

Efesios 5: 25.

 a familia cumple una misión apostólica: por medio del amor transmite la fe, santifica y transforma la sociedad actual según el plan de Dios.

El amor es el valor primordial y la familia la escuela fundamental para enseñarlo. Sin el aprendizaje de amar desde pequeños, sin aprender a amarnos y a respetarnos a nosotros mismos y a nuestros semejantes desde el seno del hogar, se vuelve difícil desarrollar más adelante en la vida la capacidad y la disposición para comprometernos amorosamente de manera responsable, completa e íntegra con las personas. Sin el amor la familia no puede vivir, crecer y perfeccionarse como comunidad.

Dios regala el amor al hombre y a la mujer como un poder activo que permite a los seres humanos tener fe en el Creador y dar lo mejor de sí mismos sin esperar nada a cambio. Jesús decía: "Un mandamiento nuevo os doy: Que os améis los unos a los otros como yo os he amado" (Juan 13: 34). ¿Es posible darle cumplimiento a estos propósitos sin tener una familia estructurada en torno a estos valores?

El amor familiar es la base para responder con fe, libertad, confianza y alegría a las distintas formas de relación amorosa que conocemos a lo largo de nuestra existencia: amor paterno, materno y filial, fraternal, de pareja y a Dios. Asimismo, el amor a nuestras actividades: al trabajo como realización vocacional.

En este siglo XXI, la familia, especialmente la familia cristiana, sufre como ninguna otra institución la acometida de profundas transformaciones sociales y culturales. Las familias ponen en riesgo su unidad al ser bombardeadas por un sinnúmero de nuevos estímulos, valores y situaciones que dificultan la comunicación entre todos sus integrantes.

Por ejemplo, ahora lo más común es que el padre y la madre trabajen y que los hijos pasen mucho tiempo solos y que los papeles de autoridad se vuelvan ambiguos. Desde finales del siglo pasado, en aras de la competitividad económica y social, las horas de estudio y trabajo aumentan considerablemente y las metas se vuelven cada vez más individualistas en la medida en que sólo se piensa en ganar dinero y gastarlo en bienes suntuarios y que den prestigio o "estatus" personal. Padres, madres e hijos se lanzan en una frenética carrera por el éxito material sin preocuparse mucho por el éxito espiritual. En casa, la conversación es desplazada en cada habitación por distintos artefactos electrónicos: televisiones, computadoras, aparatos para discos compactos, videograbadoras, radios, teléfonos móviles, etcétera.

Finalmente, existe el peligro creciente y cada vez más extendido de atentar contra el bienestar físico y espiritual de la familia mediante distintas formas de violencia, como son la difusión mediática de valores egoístas, hedonistas y efímeros, así como el consumo de drogas y la sexualidad promiscua, entre otros.

Las familias cristianas encuentran en el Evangelio el antídoto para sanar. La palabra de Jesús dice que la unión conyugal que ha sido bendecida con los hijos tiene el deber de sostener y educar en la fe y en el amor a esos miembros inmaduros de la familia. Los padres tienen la tarea de darles una formación moral y religiosa, además de atender sus necesidades físicas e intelectuales. Por su parte los hijos dan amor y cariño, respeto, consideración y obediencia a sus progenitores. Al alcanzar la mayoría de edad podrán tomar sus propias decisiones, pero sin romper con el vínculo de amor, reverencia e incluso ofreciendo su ayuda económica. En un ambiente familiar adecuado el individuo define lo mejor de su carácter y las bases intelectuales y éticas para ser un hombre de bien útil a la sociedad.

Hoy más que nunca, la familia cristiana tiene la noble e ineludible misión de transmitir el valor de la fe en Jesucristo. Son los padres los primeros evangelizadores de los hijos, y los principales responsables de construir un entorno moral enraizado en la voluntad de Dios, en el cual el hijo crece en los valores humanos y cristianos que dan pleno sentido a la vida: el descubrimiento de la belleza espiritual, el amor y la vocación de servicio al prójimo.

El Señor es providente

Si el Señor nuestra casa no edifica,
en vano sudarán los albañiles.
Si el Señor la ciudad no nos custodia, en vano estará
alerta el centinela.

Vano es que os levantéis antes del día,
que sentados sigáis en la alta noche, los que coméis
el pan del duro esfuerzo. Porque en el sueño mismo
regala el Señor a quienes ama.
Mirad que del Señor son don los hijos,
merced suya es el fruto de la entraña.

Como flechas en mano de guerrero,
así los hijos son en juventud nacidos. Bienhadado
el varón que de ellas lleva llena su aljaba;
no serán confundidos, si, a la puerta,
contra sus enemigos contendieren.

Salmo 12

La juventud

Porque tú, ¡oh Señor!, eres mi esperanza, mi confianza desde mi juventud.

Salmos 71: 5.

Lo que las saetas en la mano del guerrero, eso son los hijos de los años mozos.

Salmos 127 (126): 4.

Echa la tristeza fuera de tu corazón y tente lejos del dolor, porque mocedad y juventud son vanidad.

Eclesiastés 11: 10.

Díjole él: "Todos estos preceptos los he guardado desde mi juventud".

Lucas 18: 21.

Que nadie tenga en poco tu juventud; antes sirvas de ejemplo a los fieles en la palabra, en la conversación, en la caridad, en la fe, en la castidad.

1 Timoteo 4: 12.

Y vi entre los simples un joven, entre los mancebos un falto de juicio.

Proverbios 7: 7.

La fuente de verdad que es la Biblia nos señala que la juventud es una forma de significar la presencia de la promesa hecha por Dios y renovada por su Hijo. A esto se refieren las palabras de Proverbios: *"vi entre los simples un joven, entre los mancebos un falto de juicio"* (Proverbios 7: 7). El joven es aquel que tiene fe, el falto de juicio el que la ha perdido, éste es el sentido espiritual del término juventud. La Biblia pues nos habla de dos tipos de juventud, la espiritual y la física.

La juventud física es una etapa intermedia entre la infancia y la vida adulta o la mayoría de edad; en cambio la juventud espiritual es eterna. La juventud es uno de los momentos más importantes de la vida pero también uno de los más peligrosos. La infancia es una etapa de inocencia, de irresponsabilidad, la vida adulta significa también sabiduría. La juventud es el momento en que ponemos a prueba aquello que hemos aprendido desde niños. Si tuviste la fortuna de tener unos padres que te llenaron de amor y te enseñaron el camino trazado en la Biblia, seguramente serás fuerte. La fortaleza de espíritu que adquiriste de niño será tu mejor arma para empezar a labrar tu propio camino de adulto.

Con pesar observamos cómo algunos jóvenes desperdician la fuerza propia de esta etapa de la vida y se dejan arrastrar por el enemigo de Dios hacia el abismo de los vicios. Algunos pocos se recuperarán, otros más, sin duda numerosos, se perderán, transitarán con un júbilo equivocado por los años de más vitalidad en sus cuerpos, y terminarán por descubrir que el tiempo, al pasar, deja huellas indelebles en sus corazones. Es muy probable que estos jóvenes sean el producto de hogares rotos, de familias que en algún momento perdieron el verdadero sentido de la existencia, que dejaron de buscar a Dios, que guardaron su Biblia y dejaron que sus palabras fueran cubiertas por el polvo.

La juventud es el momento perfecto para enmendar errores o para sanar las almas de los que han sufrido. Existen numerosos casos de niños abandonados, solitarios o víctimas de abuso que gracias al amor que reciben en su juventud temprana pueden recuperarase y convertirse en seres plenos de amor y de perdón. Es muy difícil que estas almas, que ya experimentaron el horror que puede conducir a la desesperanza caigan en las manos del enemigo. Toda vez que un alma ha sanado, la bondad de Dios hará que esta salud permanezca.

Pero debes tener cuidado, el enemigo de Dios dirige sus baterías con especial encono en contra de los jóvenes y de los niños, pues éstos carecen de la experiencia vital que les ayuda a separar el bien del mal, a identificar el amor y a rechazar la maldad. Hoy en día ningún lugar está a salvo de la tentación, por remoto que sea un poblado, por aislado que parezca; la audacia de la juventud puede dirigirse también a la búsqueda inocente del mal. Sobran las tentaciones y faltan las alternativas hacia Dios. La televisión, el cine, la obtención de drogas, la ganancia fácil; todos ellos factores que confunden y que distraen la atención de la verdadera juventud que es Dios.

Como padres responsables, como compañeros caritativos y guiados por el amor debemos estar alertas, si ya hemos atravesado esa etapa, ya conocemos los peligros, es necesario ayudar a los que vienen ya sea detrás o a nuestro lado.

Si eres joven debes recordar que la juventud física es la etapa más corta de la vida, se vive más tiempo siendo adulto que joven. Muchos jóvenes desprecian a los mayores y temen el momento en que su juventud termine. Se equivocan pues olvidan que la juventud del cuerpo es pura vanidad.

Mira y escúchame

¿Hasta cuándo, Señor, seguirás olvidándome?

¿Hasta cuándo esconderás de mí tu rostro?

¿Hasta cuándo sentiré recelos en mi alma y tristeza en

mi corazón, día tras día?

¿Hasta cuándo se aprovecharán de mí aquellos que me

odian? Señor, Dios mío, mira y respóndeme, alumbra mis

ojos, no sea que me duerma en la muerte.

Que mi enemigo no pueda pensar que acabó conmigo,

que mis adversarios no se alegren al verme vacilar.

Yo confío en tu misericordia, conozco la alegría

de tu salvación y cantaré al Señor porque

ha sido bueno conmigo.

Salmo 13

Padres e hijos

Honrarás a tu padre y a tu madre, para que vivas largos años en la tierra que Yahvé, tu Dios, te da.

Éxodo 20:12.

No morirán los padres por la culpa de los hijos, ni los hijos por la culpa de los padres; cada uno sea condenado a muerte por pecado suyo.

Deuteronomio 24: 16.

Cuando se cumplan tus días y vayas a reunirte con tus padres, yo alzaré tu descendencia, después de ti, a uno de entre tus hijos, y yo afirmaré tu reino.

1 Crónicas Paralipómenos/17: 11.

A tus padres sucederán tus hijos, los constituirás por príncipes de toda tierra.

Salmos 45: 17.

Mías son las almas todas, lo mismo la del padre que la del hijo; mías son, y el alma que pecare, ésa perecerá.

Ezequiel 18: 2.

Y vosotros, padres, no exasperéis a vuestros hijos, sino criadlos en disciplina y en la enseñanza del Señor.

Efesios 6: 4.

El hijo necio es la pesadumbre de su padre y la amargura de la que lo engendró.

Proverbios 17: 35.

odos los mandamientos de Dios son en extremo valiosos, y debes tomarlos en forma literal. Honrar a alguien significa respetarlo más allá de lo imaginable, más allá de lo que respetas a cualquier otra persona. Sólo a Dios le debes más honra que a tus padres. Nunca debes preguntar la razón de esto, la razón no existe cuando se trata de una orden, y esto es todavía más verdadero cuando se trata de un mandato de Dios.

Los padres que se guían por el camino marcado en las Escrituras heredan una "buena tierra" a sus hijos. Significa esto que sus hijos, al recibir las sanas enseñanzas de una familia que se guía por la fe y el amor, cosecharán los frutos de las semillas plantadas por sus padres. Como padres nos preocupamos todo el tiempo por cuál será la mejor herencia que podemos dejar a nuestros hijos. La respuesta no está necesariamente en los bienes materiales, sin negar la importancia de asegurar un futuro económico para nuestos hijos, sabemos que el mejor legado que les podemos dejar al partir es la capacidad de enfrentar la vida como auténticos hijos de Dios.

Sabemos que en principio somos crituras de Dios, la familia que nos acogió en la tierra está también formada de otros hijos de Dios. Cada uno de los miembros de una familia decide el camino que toma en la vida; algunos se dirigen al bien, mientras que otros se pierden en la oscuridad de las tentación o el vicio. Dios nos enseña que el origen terrenal no se opone a la salvación de las personas; es decir, nadie puede ni condenarse ni salvarse en virtud de quiénes fueron sus padres o de quiénes son sus hijos. Cada persona se condena o se salva por sí misma. De ahí que la Escritura señala que los hijos no cargan con la culpa de los padres.

Por qué razón, te preguntarás, uno de los más grandes afectos que puede sentir una persona es el amor a un hijo. Existen muchas razones, y la más importante de ellas es Dios mismo. En efecto fue Él quien nos envió a la perfecta criatura que acurrucamos desde el momento mismo de nacer. Él llenó nuestro corazón de amor y nuestra mente de la sabiduría que nos permite cuidarlo y velar su crecimiento. Lo que algunos llaman instinto no es sino la sabiduría que Dios nos presta para saber con certeza qué es lo que más conviene a nuestro pequeño.

¿Qué pasará con nuestros hijos una vez que ya no estemos en este mundo? Es una preocupación que abruma a cualquiera que es padre. La Escritura nos indica el camino a la seguridad y al bienestar. Cuando llegue nuestra hora sabremos qué tan bien hemos cumplido nuestro cometido. Cuando al estar postrados nos acompañen nuestros hijos, cuando sientas el calor que inunda la habitación en la que se encuentran te sabrás seguro de la labor que has realizado.

Cualquiera que ha sido padre conoce la desesperación que invade nuestra alma cuando un hijo enferma, cuando lo vemos en peligro. En estos momentos suplicamos con todo nuestro corazón, pedimos a Dios por la salud de nuestro pequeño y Él, bondadoso, nos la otorga. Pero cuántos no se olvidan de Dios y no agradecen el don que han recibido. Ten cuidado pues la ingratitud no es bien recibida por Dios.

Cuidar el crecimiento de un hijo es uno de los trabajos de tiempo completo más pesados que pueden existir. Todos los padres, en algún momento pierden la paciencia, las madres, cansadas al final de un largo día terminan por reñir a sus pequeños. Cuando sientas que te abandonan las fuerzas, que se te agota la paciencia recuerda al Hijo de Dios, ejemplo de fortaleza, sabiduría y paciencia y trata de imitarlo. Recuerda además que para seguir siempre por el camino de Dios la alegría debe reinar siempre en tu corazón.

El amor a los hijos

¡Oh!, el calor de mi hijo es como el de un campo fértil
que Dios ha bendecido.

Dios te dé, hijo, el rocío del cielo
y la fertilidad de la tierra,
y la abundancia de los trigos y los viñedos.

Que te sirvan pueblos y naciones y se inclinen ante ti.
Sé el señor de tus hermanos; que los hijos de tu madre
se inclinen ante ti.

Sea maldito el que te maldiga, y bendito quien
te bendiga.

Génesis 27

La pareja

Y dijo Yahvé Dios: no es bueno que el hombre esté solo; le haré ayuda idónea para él.
[...]

Entonces Yahvé Dios hizo caer sueño profundo sobre Adán, y mientras éste dormía, tomó una de sus costillas, y cerró la carne en su lugar.

Y de la costilla que Yahvé Dios tomó del hombre, hizo una mujer y la trajo al hombre.

Dijo entonces Adán: Esto es ahora hueso de mis huesos y carne de mi carne; ésta será llamada Varona, porque del varón fue tomada.

Por tanto, dejará el hombre a su padre y a su madre, y se unirá a su mujer, y serán una sola carne.

Génesis 2: 18-24.

uando nos enamoramos de verdad y rectamente, estamos cumpliendo uno de los primeros destinos que Dios estableció para los humanos: tener una compañera (o compañero) de vida, una pareja. Y la maravilla es que no se trata de cualquier compañía, sino de alguien que en verdad forma parte de nosotros mismos y sin el cual estaremos incompletos.

Esto parece ser desmentido por la experiencia cotidiana de una época en la que las peleas matrimoniales, los divorcios y los continuos cambios de pareja se han llegado a considerar normales. Y, sin embargo, siempre es posible encontrar parejas que han logrado construir, por años y años, una convivencia discretamente pacífica y armónica, que sin ostentosas muestras de cariño o de pasión aparentemente poseen un secreto para superar los obstáculos de la vida en común.

Dicho secreto nos lo revela la Biblia: si un hombre y una mujer están destinados a ser una sola carne, un solo ser, ¿por qué ha de entrañar alguna dificultad la convivencia? Tal como dice el apóstol Pablo: "Porque nadie aborreció jamás a su propia carne" (Efesios 5: 29).

Es sólo el olvido de este sencillo pero profundo precepto lo que puede convertir la dicha, el consuelo y el apoyo que nos ofrece el matrimonio en una experiencia particularmente llena de conflicto y dolor.

Porque, en efecto, el cónyuge que ofende a su pareja se está ofendiendo a sí mismo. El que agrede a su pareja, se agrede a sí mismo. El que la hace sufrir, se hace sufrir a sí mismo. El que la engaña y la traiciona se engaña y se traiciona a sí mismo.

En cambio, mostrarle amor, confianza y paciencia a nuestro cónyuge nos fortalece en la medida que esta actitud positiva nos será correspondida y, por lo tanto, nos hará cumplir el designio divino de ser uno solo con nuestra pareja, más sólido y pleno que dos mitades divididas.

Además, las Escrituras son claras: Dios espera que este precepto se cumpla igualmente por mujeres y por hombres. Por ello, Pablo no sólo exhorta a que "la mujer respete a su marido", sino que dice: "Así también los maridos deben amar a sus mujeres como sus mismos cuerpos. El que ama a su mujer a sí mismo se ama" (Efesios 5: 28).

Mas para alcanzar esta unidad, Dios nos instruye a dejar a nuestro padre y a nuestra madre, lo que no quiere decir que los rechacemos, los olvidemos o los desconozcamos. Simplemente nos recuerda que para volvernos uno con nuestra pareja ya no podemos seguir siendo hijos de dos padres, sino de cuatro. Es decir, que el respeto y el cariño que se debe a los propios progenitores —si en verdad estamos unidos— se lo debemos a los de nuestra pareja. Pero esto sólo será posible si primero, y principalmente, nos consideramos una sola carne.

Y estas verdades se aplican tanto a quienes se han unido por medio del sacramento matrimonial cristiano como a quienes lo han hecho mediante otro rito. Incluso, alcanzan a las parejas que decidieron compartir su vida sin ninguna ceremonia. Pues Dios dicta sus leyes para todos sus hijos por igual y lo más importante es acatar el sentido profundo de las mismas.

De hecho, el sacramento del matrimonio como lo conocemos fue instituido a finales del siglo XIII. Esto es que durante más de mil años los cristianos recurrían a otra ceremonia, o a ninguna, para casarse, pero siempre —y esto nunca cambia— con el precepto bíblico en sus corazones.

Por supuesto que en la actualidad es más fácil equivocarse y escoger a una persona que no es la "ayuda idónea" para nosotros, frecuentemente porque al elegir no lo hacemos con amor y en conciencia, sino movidos por el interés material, por la lujuria, por el deseo de huir de nuestra familia o sinrazones semejantes. Pero Dios siempre nos dará la oportunidad de corregir.

Tal vez mayor error sea que habiendo elegido correctamente, no queramos o podamos darnos cuenta. Muchas veces, enceguecidos por la ira, la impaciencia, la desconfianza, alejamos —en ocasiones definitivamente— al compañero que estaba destinado a compartir nuestro camino, con gran sufrimiento para él y para nosotros, que nos arriesgamos a pasar el resto de nuestras vidas incompletos y en soledad.

Por ello, cada vez que surja una crisis matrimonial y antes de tomar decisiones de las que siempre nos arrepentiremos, meditemos en las enseñanzas de la Biblia y hagámonos esta sencilla pregunta: ¿estoy tratando a mi pareja como a mí mismo, como a mi otra mitad? La respuesta puede sorprendernos.

Oración de petición

Señor, Dios mío, en ti me refugio, líbrame de mis perseguidores y sálvame. Porque son como leones listos para asaltarme, y me van a despedazar sin que nadie me pueda salvar.

Señor, Dios mío, si la maldad mancha mis manos, si devolví mal por bien, si he favorecido a algún agresor, que mi enemigo me persiga y me dé alcance, que me pisotee y me tire al suelo sin vida.

Señor, ¡ponte de pie! No aguantes más, sino hazle frente a la rabia de mis opresores.
Despiértate, oh Dios, para ordenar el juicio.

Oh, Señor, tú que juzgas a los pueblos, reconoce mis méritos y proclama mi inocencia.

Que termine el poder de los hombres malos.

Apoya tú a los buenos, tú que escudriñas mentes y

corazones, oh Dios justo.

Eres mi amparo, el que salva a los rectos de corazón.

Alabaré al Señor por su justicia

y cantaré el Nombre del Altísimo.

Salmo 7

El prójimo

Amarás a tu prójimo como a ti mismo.

Levítico 19: 13-19.

"Maestro, ¿cuál es el mandamiento más importante de la ley?" Jesús le contestó: "Amarás al Señor tu Dios con todo tu corazón, con toda tu alma (Dt 6,5) y con toda tu mente... El segundo es semejante a éste: Amarás a tu prójimo como a ti mismo."

Mateo 22: 35-40.

Y dijo Jesús a los apóstoles: "Os doy un mandamiento nuevo: que os améis los unos a los otros".

Juan 13: 34.

Con nadie tengáis deudas, a no ser la del amor mutuo, pues el que ama al prójimo ha cumplido la Ley... El que ama no hace mal a su prójimo; en suma, el amor es la plenitud de la Ley.

Romanos 13: 8-10.

l amor al prójimo es el mandamiento que engloba todos los tipos de amor. Es el amor a todos los seres humanos. Por eso Jesús dice: "Ama a tu prójimo como a ti mismo". Gracias a esta enseñanza de Dios Hijo podemos dar lo mejor de nosotros mismos, desinteresadamente, a nuestros semejantes y, muchas veces, recibir las miradas de amor de nuestros seres queridos.

Para Jesús nada debe impedir la caridad y el servicio a cualquier persona que nos encontremos en el "camino de Jericó", es decir, en la vida. No importa su raza, nacionalidad, género, edad, su riqueza o pobreza, e incluso su condición de enemigo, su talento, conocimientos o inteligencia. Este mandamiento nos enseña que todos somos uno, y se inspira en el amor de Dios Padre que ama a toda la humanidad: a justos y pecadores, a los que han acertado en el camino de la vida y a los que lo han equivocado.

La parábola del buen samaritano en las Sagradas Escrituras nos ejemplifica perfectamente el sentido cristiano de responsabilidad, atención, consideración e inclinación que debemos tener en aras de ayudar al bienestar y desarrollo del prójimo:

Se levantó un legista (un experto en los textos del Antiguo Testamento) y para poner a prueba a Jesús le dijo: "Maestro, ¿qué he de hacer para tener en herencia vida eterna?" Él le dijo: "¿Qué está escrito en la Ley? ¿Cómo lees?" Respondió: "Amarás al Señor tu Dios, con todo tu corazón, con toda tu alma, con todas tus fuerzas y con toda tu mente; y a tu próji-

mo como a ti mismo". Díjole entonces: "Bien has respondido.
Haz eso y vivirás".

El doctor de la Ley preguntó a Jesús: "¿Y quién es mi
prójimo?" Jesús respondió: "Bajaba un hombre de Jerusalén
a Jericó, y cayó en manos de salteadores, que, después de
despojarle y golpearle, se fueron dejándole medio muerto.
Casualmente bajaba por aquel camino un sacerdote y, al
verle, dio un rodeo. De igual modo un levita (israelita de
la tribu de Leví) que pasaba por aquel sitio le vio y dio un
rodeo. Pero un samaritano (originario de Samaria, en la
parte central de la antigua Palestina) que iba de camino
llegó junto a él, y al verle tuvo compasión; y, acercándose,
vendó sus heridas, echando en ellas aceite y vino; y montán-
dole sobre su propia cabalgadura, le llevó a una posada y
cuidó de él. Al día siguiente, sacando dos denarios, se los dio
al posadero y dijo: "Cuida de él y, si gastas algo más, te lo
pagaré cuando vuelva". Terminado este relato, Jesús hizo
la pregunta: "¿Quién de ellos tres te parece que fue prójimo
del que cayó en manos de los salteadores?" El doctor de la
Ley contestó: "El que practicó la misericordia". Entonces
Jesús le dijo: "Vete y haz tú lo mismo" (Lucas 10: 25-37).

El doctor de la Ley había venido a discutir, y se va con
una obligación bien precisa para actuar.

Jesús nos hace comprender que el legista, en su soberbia doctoral, pensaba de sí mismo: "Yo estoy bien, cumplo

perfectamente con lo que dicen mis lecturas, y los demás están equivocados". El legista se había querido poner en el centro de la discusión como el poseedor de la razón y la verdad para desde allí mostrarlo a toda la humanidad a su alrededor. Pero Jesús se encarga, con bondad y sencillez, de poner las cosas en su lugar. Desplaza al "yo" por el "tú" y demuestra que lo importante no es el "ego" sino el prójimo, aquel que se encuentra en nuestro camino y tiene necesidad de ayuda, de comprensión y de amor.

La verdadera cuestión es saber ponernos "en los zapatos del otro", ser capaces de relegar nuestro "yo inflado" para poder auxiliar al otro, con sencillez y auténtica solidaridad, y buscar todo lo que nos une y no lo que nos separa de las personas.

¿Los hombres del siglo XXI podemos estar a la altura de los valores del samaritano de la historia? Ciertamente sólo Jesús puede cumplir perfectamente con los requisitos de la Ley, ya que el resto de los mortales nos quedamos cortos, aun los mejores. Sin embargo, su palabra y su ejemplo reverberan en las vidas de hombres y mujeres ejemplares en todas las épocas, baste pensar en los apóstoles y en los santos, y más recientemente en grandes personajes de bondad, como la madre Teresa de Calcuta, quien decía que en el mundo sólo hay tres cosas de valor: "ser bueno, hacer el bien y manifestarlo con una plácida sonrisa".

La lección de Jesús es que pese a que el egoísmo y la soberbia son causa de destrucción, maldad, abandono y

olvido; en nuestra vida colectiva y personal, podemos salvarnos todos y cada uno de nosotros como humanidad si
aprendemos a amar al prójimo, si aprendemos a amar a
quienes no necesitamos para nuestros fines personales y
a ocuparnos de su dolor y necesidad.

El huésped de Yahvé

Yahvé, ¿quién morará en tu tienda?,
¿quién habitará en tu santo monte?
El que anda sin tacha,
y obra la justicia;
que dice la verdad de su corazón,
y no calumnia con su lengua;
que no daña a su hermano,
ni hace agravio a su prójimo;
con menosprecio mira al réprobo,
mas honra a los que temen a Yahvé;
que jura en su perjuicio y no retracta,
no presta a usura su dinero,
ni acepta soborno en daño de inocente.
Quien obra así jamás vacilará.

Salmo 14

La caridad

El odio enciende las contiendas, mientras que el amor encubre las faltas.

Proverbios 10: 12.

Si, hablando lenguas de hombres y de ángeles, no tengo caridad, soy como bronce que suena o címbalo que retiñe.

1 Corintios 13: 1.

Dijo la madre a los servidores: "Haced lo que Él os diga".

Juan 2: 5.

Y le dijo Yahvé: "Si hallare en Sodoma cincuenta justos, perdonaría por ellos a todo el lugar".

Génesis 18: 26.

Que no nos ha dado Dios espíritu de temor, sino de fortaleza, de amor y de templanza.

2 Timoteo 1: 7.

Llega una mujer de Samaria a sacar agua y Jesús le dice: "Dame de beber".

Juan 4: 7.

ios nos arrojó del Jardín del Edén; a partir de ese momento estamos solos ante las decisiones que nos agobian día con día. En su infinita bondad,

Dios nos ha dado las herramientas para que podamos actuar rectamente, es decir para dirigirnos hacia el bien. Esas herramientas se llaman virtudes. La caridad, al lado de la fe y la esperanza, es una de esas virtudes.

Dios puso en tu corazón una inmensa capacidad de amar, lo hizo porque Él es todo bondad y dispuso que la más hermosa y preciada de sus criaturas compartiera con Él esa bondad. La caridad es aquello que nos permite sentir ese amor inmenso que nos abruma cuando vemos a un hijo recién nacido, la que nos hace llorar cuando vemos la desgracia ajena, o cuando perdemos a un ser querido. La caridad nos conmueve y nos provoca la imperiosa necesidad de ayudar a quienes vemos sufrir.

Ponte un momento a pensar si se puede tener fe sin sentir amor. La respuesta es negativa. Por esa razón, la caridad es la primera de las virtudes que Dios nos ha dado. La caridad nos hace humanos. El pensamiento moderno, que muchas veces se aleja de Dios, ha cometido el enorme error de poner a los hombres como el centro de todo. Así, escuchamos hablar de la ayuda humanitaria que se envía a lugares remotos en donde la gente padece hambre, es víctima de alguna guerra o ha experimentado alguna catástrofe natural. Pero gracias a las verdades que nos enseña la Biblia sabemos que si Dios no hubiera puesto la caridad en nuestro corazón, simplemente voltearíamos la mirada y continuaríamos nuestro camino. Detente a pensar por un momento en los animales, ¿acaso una bestia se compadece de su semejante? Puede actuar en forma extraña, una madre puede llamar al cachorro que ha sido devorado por el depredador, pero vemos cómo, al cabo de un rato, se cansa y abandona la búsqueda, los animales no pueden albergar ninguna esperanza.

Si la caridad no habitara en nuestro corazón, no tendríamos fe, y tampoco esperanza. ¿Cómo podríamos creer en un Dios bueno si nuestro corazón estuviera lleno de odio o de rencor? Imposible. Si no pudiéramos amar a Dios, tampoco creeríamos en Él; pero lo amamos y le deseamos todo el honor y la gloria, todo el bien. La caridad es la verdadera amistad entre el hombre y Dios.

Las situaciones inesperadas o que parecen sin solución nos abruman más allá de lo imaginable. Nadie se escapa de lo inesperado, de la enfermedad propia o de un ser querido, de la falta de dinero, de la necesidad de compañía y afecto. ¿Podríamos tener esperanza, si no tuviéramos caridad? Definitivamente no, pues la caridad es la hermana mayor de la esperanza. Si no amas a la persona que enfermó, no te importa su destino, y no puedes tener esperanza.

Seguramente conoces a alguna persona que ha abandonado toda esperanza. Casos tristes que aparentan y confunden la auténtica resignación. Cuando la desesperanza llega al corazón de las personas, debemos preocuparnos pues significa que ya no se siente amor ni por Dios, ni por el prójimo, ni por sí mismo. Por eso dice la Epístola que sin amor no somos nada. La caridad te mantiene de pie, alza nuestra voz a Dios, le tiende la mano al que lo necesita. Si alguna vez te sorprendes a ti mismo cruzando la acera para no toparte con el necesitado, si prefieres acumular la ropa que no cabe más en tu armario en lugar de donarla a las víctimas de la inundación o del terremoto, pregunta qué está pasando en tu corazón, pues ¿quién si no el enemigo de Dios se adueña de los corazones que dejan escapar la caridad? Nunca cambias caridad por odio.

Preeminencia del amor

Si yo hablo en lenguas de hombres y de ángeles,
pero no tengo amor, vengo a ser como bronce que resuena
a un címbalo que retiñe.

Si tengo profecía y entiendo todos los misterios
y todo conocimiento; y si tengo toda la fe,
de tal manera que traslade los montes,
pero no tengo amor, nada soy.

Si reparto todos mis bienes,
y si entrego mi cuerpo para ser quemado,
pero no tengo amor, de nada me sirve.

El amor tiene paciencia y es bondadoso.
El amor no es celoso. El amor no es ostentoso, ni se hace
arrogante. No es indecoroso, ni busca lo suyo propio.
No se irrita, ni lleva cuentas del mal.

No se goza con la injusticia, sino que se goza
con la verdad. Todo lo sufre, todo lo cree, todo lo espera,
todo lo soporta.
El amor nunca deja de ser. Pero las profecías se acabarán,
cesarán las lenguas, y se acabará el conocimiento.

Pero cuando venga lo que es perfecto,
entonces lo que es en parte será abolido.
Cuando yo era niño hablaba como niño,
razonaba como niño; pero cuando llegué a ser hombre,
dejé lo que era de niño.

Ahora vemos oscuramente por medio de un espejo,
pero entonces veremos cara a cara.
Ahora conozco en parte, pero entonces conoceré
plenamente, así como fui conocido.

Y ahora permanecen la fe, la esperanza y el amor,
estos tres; pero el mayor de ellos es el amor.

1 Corintios 13

El perdón

El perdón libera

Pues tú eres, Señor, indulgente y bueno y de gran piedad para los que te invocan.

Salmos 86: 5.

… y perdónanos nuestras deudas, así como nosotros perdonamos a nuestros deudores.

Mateo 6:12.

Pero si no perdonáis a los hombres, tampoco vuestro padre perdonará vuestras faltas.

Mateo 6:15.

Sed más bien unos para otros bondadosos, compasivos, y perdonaos los unos a los otros, como Dios os ha perdonado en Cristo.

Efesios 4: 32.

or qué perdonamos? La respuesta sin duda será porque Dios nos perdona ahora y nos perdonará el día del juicio. El perdón, importante acción que forma parte de la oración cotidiana con

la que nos dirijimos a Él. Creemos en el perdón, esperamos el perdón. Pero preguntamos nuevamente ¿por qué perdonamos?

¿Eres perfecto? ¿Nunca cometes errores? Si así lo crees estás profundamente equivocado. Nadie, absolutamente nadie en este mundo ni en esta vida, es perfecto. Todos, tú y la persona que está sentada a tu lado, nos equivocamos. La vida está llena de errores. Y hay errores de todo tipo, tomamos la calle equivocada, marcamos mal el teléfono, o le ponemos demasiada sal a la comida familiar. Errores pequeños y hasta divertidos. Pero están los grandes errores, los pecados. Formalmente existen siete pecados capitales, es decir son siete los pecados absolutamente graves, pero en realidad, el pecado está en todas partes, existen un sinnúmero de faltas que se relacionan con un pecado grave. Piensa en el pequeño enojo que sentiste por la mañana cuando aquel automóvil no te cedió el paso; en apariencia se trata de un enojo sin repercución alguna; pero no es así, ese pequeño y casi instantáneo enojo es el umbral de un pecado en verdad grave, la ira se desata a partir de leves disgustos. ¿Qué habría pasado si en lugar de tocar la bocina del auto hubieras pensado en los motivos del otro para no ceder el paso? ¿A qué se debía su prisa? ¿Acaso a una emergencia médica? Si pensamos en el otro, el enojo desaparece, pero sobre todo si recordamos que muchas veces nosotros también hemos negado el paso, hemos hablado con maledicencia, hemos ofendido a alguien con nuestras palabras o con nuestros actos. Por esa razón perdonamos, porque somos conscientes de nuestros defectos, de nuestra absoluta carencia de la perfección que sólo pertenece a Dios.

También perdonamos, claro está, porque aguardamos con esperanza y alegría el perdón de Dios.

Como dice el Salmo, "Dios es indulgente y bueno", como sus criaturas nosostros también somos naturalmente buenos, pero eso no significa que seamos perfectos. Si consideramos además que el enemigo del hombre nos tienta todo el tiempo entonces nos explicamos la razón de nuestros errores, de nuestros pecados. Dios nos permite equivocarnos, sólo nos exige reconocer nuestro error. Confesar el pecado es precisamente reconocerlo, se trata de ese pequeño instante que tú y yo hemos experimentado, cuando en la soledad, recordando un altercado, o el chisme que contamos, el pequeño chocolate que tomamos de un mostrador a hurtadillas o, peor aún, la desenfrenada parranda que tuvimos, nos decimos, arrepentidos: "me equivoqué, definitivamente me equivoqué". Si el agraviado está presente es nuestro deber como hijos de Dios el solicitar su perdón. Nadie dice que pedir perdón sea sencillo, y es que el enemigo nos invade con el orgullo y la soberbia que ya nos han cegado.

Debes tener cuidado, pedir perdón no es de ninguna manera un acto de humillación como piensan muchos. Pedir perdón es el primer paso para recibir el perdón. Todos necesitamos perdonar, pues cuando termine nuestra pasajera presencia en este mundo, Dios nos juzgará. Tú seguramente has pecado no una vez, sino varias y esperas el perdón divino, pues bien sabes que la recompensa al arrepentimiento que conlleva el perdón de Dios es también la garantía de la vida eterna.

¿Por qué decimos que el perdón libera? Recuerda por un momento la última vez que estuviste muy enojado, o aquella vez que reprendiste a tu hijo duramente porque se distrajo y derramó la leche. Recuerda ahora la desagradable sensación de malestar que te inundó. Aquella vez que te dejaste llevar por la ira, ¿cuánto tiempo pasó antes de que olvidaras el asunto, si es que ya lo olvidaste? ¿Has pensado en la cantidad de energía y tiempo que consumes nada más al recordar el motivo de tu disgusto? ¿Y aquel que causó tu disgusto, cómo está? Debes preguntarte quién se siente peor, quién sufre más, el que odia o el que es odiado. Seguramente has experimentado la extraña situación de enojarte con alguien al grado del odio, o has sentido envidia. Más de una vez tu corazón se ha llenado de esos malos sentimientos. ¿Te has detenido a considerar que eres tú quien los experimenta y no el otro?

El no perdonar a alguien significa guardar en nosotros la ofensa que nos hicieron; en cambio, una vez que perdonamos, los sentimientos negativos desaparecen, el peso se esfuma y estamos otra vez libres.

Una pregunta muy común es acerca de cuántas veces debemos perdonar. Con sinceridad pregúntate si has dado o recibido un perdón verdadero. La Biblia con la luz que emana de sus páginas, nos dice que el perdón verdadero no tiene memoria; no se trata de un simple trámite que hay que cumplir. La ofensa se termina en el momento mismo del perdón, no se guarda ni se perdona a plazos. Por esa razón podemos perdonar y pedir perdón toda las veces que sea necesario, porque a cada ofensa, a cada error corresponde un perdón.

Disponte desde ahora a perdonar. Indaga en lo más profundo de tu corazón si has perdonado verdaderamente, si así ha sido, seguramente no lo recordarás.

Oración del afligido

Señor, mi Dios, a ti levanto mi alma. En ti confío, que no caiga en la vergüenza, que no se alegren mis enemigos. Los que esperan en ti nunca serán avergonzados, pero lo serán aquellos que quieren engañarte.

Señor, muéstrame tus caminos y enséñame tus sendas.

Guíame en tu verdad, enséñame tú, que eres mi Dios y Salvador. Todo el día ando confiado, esperando tus favores, Señor. Señor, no olvides que eres compasivo y bondadoso desde toda la eternidad. No recuerdes los pecados y extravíos de mi juventud; Señor, acuérdate de mí según tu misericordia.

El Señor es bueno y recto, por eso muestra el camino a los extraviados; dirige a los humildes en la justicia y enseña a los pobres el camino; todas sus sendas son amor y lealtad para el que guarda su alianza y sus preceptos.

Por el honor de tu nombre, Señor, perdona mi pecado,

que es muy grande.

Al hombre que teme al Señor, él le enseña a escoger su

camino. Su alma en la dicha morará y sus descendientes

poseerán la tierra. El Señor se muestra a quien le teme y

le manifiesta su amistad.

En todo tiempo mis ojos están puestos en él,

que me guarda de caer en la trampa. Mírame

y ten lástima, porque soy pobre y desvalido.

Alivia las angustias de mi alma y líbrame de mis penas.

Contempla mi miseria y mi trabajo, y perdóname mis

pecados. Mira cuántos son mis enemigos y con qué odio

me persiguen. Protégeme y líbrame.

No seré afligido después de tanto confiar en ti. Inocencia

y vida recta me guardarán, porque espero en ti. Oh, Dios,

libera a Israel de todas sus angustias.

Salmo 25

La vejez

…pero tu irás a reunirte en paz con tus padres, y serás sepultado
en buena ancianidad.
Génesis 15: 15.

No me rechaces en el tiempo de la vejez; cuando se debilitan mis fuerzas,
no me abandones.
Salmos 71 (70): 9.

Gloriosa corona es la canicie, se halla en el camino de la justicia.
Proverbios 16: 31.

Que los ancianos sean sobrios, graves, discretos, sanos en la fe, en la caridad,
en la paciencia.
Tito 2: 2.

Álzate ante una cabeza blanca y honra la persona del anciano.
Levítico 19: 32.

La fortaleza es la gloria de los jóvenes; el ornamento
de los ancianos las canas.
Proverbios 20: 29.

s suficiente con asomarnos al aparador de cualquier farmacia o de algún centro comercial para observar toda clase de frascos, cremas y líquidos que rejuvenecen o que prolongan la apariencia de juventud. La constante exigencia social por estar joven, permanecer delgado y verse bien ha generado una repulsión al envejecimiento. Todos conocemos o hemos oído hablar de personas que hacen hasta lo imposible por no perder la lozanía de su piel, o por no ganar unos cuántos kilos con los años, personas que gastan dinero, se someten a cirugías que a veces ponen en riesgo su salud o su estabilidad financiera. El temor al envejecimiento domina a la sociedad contemporánea. Es momento de que te preguntes ¿quién infunde el temor en nuestos corazones? No es Dios sino su enemigo el que te confunde. Recuerda siempre que el enemigo nos enseña caminos que no llevan a Dios. Cuando ante el espejo vemos sólo las arrugas que zurcan nuestro rostro, no estamos pensando en los años maravillosos que hemos vivido, estamos lamentándonos en lugar de agradecer a Dios la salud y el ánimo que nos ha regalado. Debes cuidarte de no confundir el amor a ti mismo que expresas en el cuidado a tu salud y a tu persona, con la vanidad ociosa que nada se ocupa de la apariencia.

La fuerza, nos dice la Biblia, "es la gracia de los jóvenes"; mientras que hermosas canas adornan las cabezas de los ancianos. Reflexiona un minuto en el significado de estas palabras. Los jóvenes son los encargados del trabajo duro que va acabando con sus fuerzas. Si eres joven te parecerá que la gente mayor se cansa demasiado rápido, que camina despacio, pero ¿te has detenido a pensar en todo el camino que ellos han recorrido e incluso despejado para ti? Si no fuera por los mayores tú no tendrías el mundo que tienes, ellos han librado batallas aun antes de que nacieras. Es el amor al prójimo el que debe iluminar tu relación con las personas mayores; recordemos que todos, aunque hagamos lo imposible, envejeceremos. Por eso la Biblia nos manda no abandonar a los ancianos: "No me rechaces en el tiempo de la vejez; cuando se debilitan mis fuerzas, no me abandones" (Salmos 71 [70]: 9).

El transcurrir del tiempo no es una desgracia, como lo dice a diario la publicidad y las revistas de moda. Nada hay de malo en la vejez. Al contrario, el paso del tiempo debe alegrarnos, mientras más hemos vivido más amor hay en nuestros corazones, a más personas hemos querido y más tiempo hemos dedicado a la alabanza y honor a Dios.

La Biblia, cuyas páginas son la lámpara que ilumina nuestro actuar cotidiano, cuenta las historias de muchos ancianos. El Antiguo Testamento relata la historia de los padres de Israel, todos ellos personas que llegaron a vivir gran cantidad de años. El significado de estas historias está en la capacidad que tienen las personas mayores de seguir participando en la vida de sus respectivas familias o pueblos. Jamás pienses que los ancianos son inútiles pues al deshonrarlos estás faltando a uno de los más importantes mandatos de Dios, estás siendo cruel. La Biblia es clara siempre, su mandato nos señala: "honra a la persona del anciano" (Levítico 19: 32). Respecto de los ancianos Dios sólo espera de ti respeto y veneración. Darles el lugar que se han ganado con una vida de esfuerzo y trabajo es tu deber.

Si ya las canas cubren tu cabeza, no olvides jamás las palabras de la Biblia que te indican cómo debes ser: sobrio, es decir no ostentar tus riquezas o tus logros, sino ponerlos al servicio de quienes los necesiten; debes ser paciente y dejarte llevar no por la necesidad de descanso, que ya vendrá, sino por la necesidad que tienen otros de aprender de ti. Recuerda: la fe y la caridad deben estar siempre presentes en ti.

Oración de un anciano

En ti, Señor, me he refugiado.
Dios justo, libérame, rescátame, inclina a mí tu oído
y sálvame. Sé para mí una roca de refugio,
una ciudad fortificada en que me salve;
tú eres mi roca y mi fortaleza, ya que tú, Señor,
eres mi esperanza, y desde mi juventud
he confiado en ti.

Desde el seno de mi madre me apoyé en ti, y tú me
adoptaste al nacer; siempre he sido agradecido contigo.
Muchos me consideraban como un verdadero milagro,
porque tú siempre me amparabas.

Mi boca estaba llena de tu alabanza
y cantaba tu gloria el día entero.
No me rechaces cuando llego a la vejez,
no me desampares cuando me fallan las fuerzas.

Oh Dios, no te alejes; Dios mío, ven pronto a socorrerme.

Yo te esperaré sin cesar y te alabaré cada día más,

pues son incontables las pruebas que me has dado

de tu justicia y de tu auxilio.

Celebraré las hazañas del Señor y recordaré que sólo tú,

Señor, restableces el derecho.

Oh Dios, me has enseñado desde mi juventud,

y hasta ahora anuncio tus maravillas.

Dios mío, no me desampares ahora en mi vejez

y ancianidad.

Me hiciste pasar muchas pruebas y miserias,

pero volverás para darme vida y me harás subir

del abismo; de ahí saldré engrandecido,

de nuevo me concederás tu consuelo; y yo te celebraré,

oh Dios, al son del arpa por tu fiel ayuda;

te celebrarán mis labios, mi alma que redimiste.

Salmo 71

Las pruebas de la vida

Cómo superar las diversas pruebas
a que somos sometidos
a lo largo de nuestros días

Las tentaciones

La serpiente era el más astuto de todos los animales del campo que Yahvé Dios había hecho. Y dijo a la mujer: "¿Cómo es que Dios os ha dicho: No comáis de ninguno de los árboles del jardín?" Respondió la mujer a la serpiente: "Podemos comer del fruto de los árboles del jardín. Mas del fruto del árbol que está en medio del jardín, ha dicho Dios: No comáis de él ni lo toquéis, so pena de muerte". Replicó la serpiente a la mujer: "De ninguna manera moriréis. Es que Dios sabe muy bien que el día en que comiereis de él, se os abrirán los ojos y seréis como dioses, conocedores del bien y el mal". Y como viese la mujer que el árbol era bueno para comer, apetecible a la vista y excelente para lograr sabiduría, tomó de su fruto y comió, y dio también a su marido, que igualmente comió. Entonces se les abrieron a entrambos los ojos, y se dieron cuenta de que estaban desnudos; y cosiendo hojas de higuera se hicieron unos ceñidores.

Génesis 3: 1-7.

"¿No es cierto que si obras bien podrás alzar el rostro? Mas, si no obras bien, a la puerta está el pecado acechando como fiera que te codicia, y a quien tienes que dominar".

Génesis 4: 7.

... y dijo Job:"Desnudo salí del seno de mi madre, desnudo allá retornaré. Yahvé dio, Yahvé quitó. ¡Sea bendito el nombre de Yahvé!"

Job 1: 21.

Endereza tu corazón, mantente firme, y no te impacientes en la hora de la adversidad.

Eclesiástico 2: 2.

Quien no ha pasado pruebas poco sabe, quien ha corrido mundo posee gran destreza.

Eclesiástico 34: 10.

Entonces Jesús fue llevado por el espíritu al desierto para ser tentado por el Diablo. Y después de hacer un ayuno de cuarenta días y cuarenta noches, al fin sintió hambre. Y acercándose el tentador, le dijo: "Si eres Hijo de Dios, di que estas piedras se conviertan en panes". Mas él respondió: "Está escrito: No sólo de pan vive el hombre, sino de toda palabra que sale de la boca de Dios".

Entonces el Diablo le lleva consigo a la Ciudad Santa, le pone sobre el alero del Templo, y le dice: "Si eres Hijo de Dios, tírate abajo, porque está escrito: a sus ángeles te encomendará, y en tus manos te llevarán, para que no tropiece tu pie en piedra alguna".

Jesús le dijo: "También está escrito: no tentarás al Señor tu Dios".

Todavía le lleva consigo el Diablo a un monte muy alto, le muestra todos los reinos del mundo y su gloria, y le dice: "Todo esto te daré si postrándote me adoras". Dícele entonces Jesús: "Apártate Satanás, porque está escrito: Al Señor tu dios adorarás, y sólo a él darás culto".

Entonces el Diablo le deja.

Mateo 4: 1-11.

Velad y orad, para que no caigáis en tentación; que el espíritu está pronto, pero la carne es débil.

Mateo 26: 41.

No habéis sufrido tentación superior a la medida humana. Y fiel es Dios que no permitirá seáis tentados sobre vuestras fuerzas. Antes bien, con la tentación os dará modo de poderla resistir con éxito.

1 Corintios 10: 12.

Fortaleceos en el Señor y en la fuerza de su poder. Revestíos de las armas de Dios para poder resistir a las acechanzas del Diablo. Porque nuestra lucha no es contra la carne y la sangre, sino contra los Principados, contra las Potestades, contra los Dominadores de este mundo tenebroso, contra los Espíritus del Mal que están en las alturas. Por eso, tomad las armas de Dios, para que podáis resistir en el día malo, y después de haber vencido todo, manteneros firmes. ¡En pie!, pues; ceñida vuestra cintura con la Verdad y revestidos de la Justicia como coraza, calzados los pies con el Celo por el Evangelio de la paz, embrazando siempre el escudo de la Fe, para que podáis apagar con él todos los encendidos dardos del Maligno. Tomad, también, el yelmo de la salvación y la espada del Espíritu, que es la Palabra de Dios; siempre en oración y súplica, orando en toda ocasión en el Espíritu, velando juntos con perseverancia e intercediendo por todos los santos, y también por mí, para que me sea dada la Palabra al abrir mi boca y pueda dar a conocer con valentía el Misterio del Evangelio.

Efesios 6: 10-20.

¡Feliz el hombre que soporta la prueba! Superada la prueba, recibirá la corona de la vida que ha prometido el Señor a los que le aman.

Santiago 1: 12.

Cada uno es tentado por su propia concupiscencia que le arrastra y le seduce.

Santiago 1: 14.

n el Antiguo Testamento, en el libro del Génesis (3: 1-17) se relata el origen del mal, resultado de la incapacidad de Eva y de Adán de rechazar la tentación de comer del fruto del árbol prohibido, luego de haber sido persuadidos por la astuta serpiente, así como la expulsión de la humanidad del jardín del Edén y la consecuente sujeción a la muerte, a la enfermedad y al esfuerzo por sobrevivir en el mundo.

En el Nuevo Testamento, Jesucristo nos enseña con su ejemplo que la vida humana es un camino que podemos y debemos recorrer teniendo como verdadero guía y compañero a Dios nuestro Señor. Alejarse de su mano nos lleva a extraviarnos debido a que nuestra libertad de elección, o libre albedrío, nos expone a caer, a equivocarnos y a elegir la salida fácil o falsa en diversas situaciones de prueba y de tentación. A causa de nuestra concupiscencia, durante toda la vida inevitablemente hemos de ser tentados, una y otra vez, a caer en pecado.

En la lucha contra el mal Jesús sale victorioso y rechaza las tentaciones que le ofrece el Diablo en los días pasados en el desierto (Lucas 4: 1-12), en los años de su vida pública y hasta el final de su vida, y es con su muerte en la cruz que Cristo, el Redentor, triunfa definitivamente sobre el mal y libera a la humanidad del pecado y la reconcilia con Dios. En la narración que hace San Lucas, la ciudad de Jerusalén es mencionada como el lugar santo en donde se sella la victoria pascual de Dios Hijo.

Y cada año, con el comienzo de la Cuaresma, se renueva la escena de las tentaciones de Cristo. A través de la liturgia, los creyentes son invitados a entrar con Jesús en el desierto y a seguir su penitencia durante el tiempo de peregrinación cuaresmal. Es el tiempo de regresar con humildad y sinceridad a la fuente de la fe, de la oración y del acercamiento a Dios y rechazar la tentación de caer en los pecados del egoísmo, del conformismo, de la ansiedad por buscar más y más cosas materiales, del poder para abusar de los demás y de los placeres vulgares que uniforman gustos, ideas y convicciones.

Las Sagradas Escrituras nos llaman a volver a las raíces de nuestra fe para compartir el camino de Cristo desde el desierto de las tentaciones hasta Jerusalén y la celebración de la Pascua de la redención.

Para luchar contra las tentaciones, la oración es uno de los medios principales y la mejor forma de estar atentos a no ser seducidos a realizar malas acciones: "Vigilen y oren para no caer en tentación" (Mateo 26: 41). Un espíritu reflexivo y maduro que conoce el poder de orar, anticipa lo que puede ocurrir y despacha a la tentación de inmediato. Sin embargo, si hemos caído en tentación debemos saber que Dios nos perdona cuando conocemos el arrepentimiento y tenemos la determinación de no volver a hacernos daño a nosotros mismos o a los demás, y es entonces siempre posible volver a la protección del Señor por medio del sacramento de la confesión.

San Pablo nos dice que debemos tener autodisciplina y ser como un corredor en una carrera que se prepara a conciencia y que sólo piensa en ganar, ganar la vida eterna siendo cada vez mejor persona en todos los aspectos de la vida diaria. Por eso, San Pablo les decía a los cristianos de la iglesia de Corintio: "Corran para ganar" (1 Corintios 9: 24-27). En esta carrera, no hay que olvidar nunca que tenemos la responsabilidad de permitir la ayuda del Espíritu Santo en nuestra lucha por no caer. Dios siempre provee una salida, aunque distintas tentaciones pueden tener distintos medios de escape.

Una última reflexión. Vivimos en una sociedad tecnológica avanzada donde los medios de comunicación son cada vez más veloces, reducen las distancias espacio-temporales y vuelven al mundo una "aldea global". Esta aceleración de la información y del conocimiento tiene un doble aspecto: Positivo, porque facilita la unión de esfuerzos de personas de todo el mundo para compartir conocimientos y experiencias sobre la realidad. La revolución digital y el internet nos permiten cobrar conciencia de muchos temas con respecto al planeta, como es la urgente necesidad de defender la ecología. El internet posibilita el rápido y maravilloso avance de la ciencia y de la técnica en todas las disciplinas naturales y humanísticas, ya que puede unir diversos talentos desde cualquier lugar de la tierra y concentrarlos en un mismo equipo para trabajar "en línea" (online) en favor de las mejores causas de la humanidad.

Sin embargo, este progreso material también conlleva aspectos negativos importantes. Entre ellos está el hecho de que la red de información a escala mundial transmite mensajes de todo tipo que invitan a la tentación de la violencia, el engaño y la destrucción de valores familiares cristianos, en aras de un hedonismo desenfrenado y el simple afán de lucro. En especial, los mensajes negativos golpean la mente de chicos y adolescentes que no están preparados para comprender y procesar la información lanzada por adultos con mentalidades manipuladoras, torcidas e inmorales.

Aunque las tentaciones de la cultura de masas son un peligro constante, lo cierto es que no somos impotentes ante ellas. El cultivo de los valores cristianos gracias a las enseñanzas de la palabra de Dios, la vigilancia y la oración, tener criterios y principios arraigados, la capacidad de arrepentimiento y propósito de enmienda, así como la comunicación entre las distintas generaciones (padres e hijos) conforman el antídoto para no caer en las tentaciones que sólo atraen para destruir, para empobrecer la mente y el espíritu. Después de vencer una tentación tendremos mayor fortaleza para enfrentar la siguiente.

Morando bajo la sombra del Omnipotente

El que habita al abrigo del Altísimo

morará bajo la sombra del Omnipotente.

Diré yo a Yahvé: Esperanza mía, y castillo mío;

Mi Dios, en quien confiaré.

Él te librará del lazo del cazador,

de la peste destructora.

con sus plumas te cubrirá,

y debajo de sus alas estarás seguro;

escudo y adarga es su verdad.

No temerás el terror nocturno,

ni saeta que vuele de día, ni pestilencia que ande en

oscuridad, ni mortandad que en medio del día destruya.

Caerán a tu lado mil, y diez mil a tu diestra;

mas a ti no llegará.

Ciertamente con tus ojos mirarás

y verás la recompensa de los impíos.

Porque has puesto a Yahvé, que es mi esperanza,

al Altísimo por tu habitación,

no te sobrevendrá mal,

ni plaga tocará tu morada.

Pues a sus ángeles mandará acerca de ti,

que te guarden en todos tus caminos.

En las manos te llevarán,

para que tu pie no tropiece en piedra.

Sobre el león y el áspid pisarás;

hollarás al cachorro del león y al dragón.

Por cuanto en mí ha puesto su amor,

yo también lo libraré;

le pondré en alto, por cuanto ha conocido mi nombre.

Me invocará, y yo le responderé;

con él estaré yo en la angustia;

lo libraré y le glorificaré.

Lo saciaré de larga vida,

y le mostraré mi salvación.

Salmo 91 (90)

La traición

LA TRAICIÓN DE JUDAS

Uno de los Doce, llamado Judas Iscariote, fue donde los sumos sacerdotes, y les dijo: "¿Qué queréis darme, y yo os lo entregaré?" Ellos le asignaron treinta monedas de plata. Y desde ese momento andaba buscando una oportunidad para entregarle.

El primer día de los Ácimos, los discípulos se acercaron a Jesús y le dijeron: "¿Dónde quieres que te hagamos los preparativos para comer el cordero de Pascua?" Él les dijo: "Id a la ciudad, a casa de fulano, y decidle: 'El Maestro dice: Mi tiempo está cerca; en tu casa voy a celebrar la Pascua con mis discípulos." Los discípulos hicieron lo que Jesús les había mandado, y prepararon la Pascua. Al atardecer, se puso a la mesa con los doce. Y mientras comían, dijo: "Yo os aseguro que uno de vosotros me entregará". Muy entristecidos, se pusieron a decirle uno por uno: "¿Acaso soy yo, Señor?" Él respondió: "El que ha mojado conmigo la mano en el plato, ése me entregará. El Hijo del hombre se va, como está escrito de él, pero ¡ay de aquel por quien el Hijo del hombre es entregado! ¡Más le valdría a ese hombre no haber nacido!" Entonces preguntó Judas, el que iba a entregarle: "¿Soy yo acaso, Rabbí?" Dícele: "Sí, tú lo has dicho".

Mateo 26: 14-25.

 or qué traiciona Judas a Jesús? Es un misterio. Es algo inconcebible. Nuestro humano entendimiento no alcanza a saberlo, y nos

extraña infinitamente después de haber sido Judas su Apóstol y recibido la sublime gracia de tener tan cerca al Señor de
la gloria. Los motivos quizá nunca los sabremos con exac-
titud, pero sí podemos suponer que fue por una mezcla de
cosas: la influencia absoluta del mal, la ambición material o
política, el desencanto por ya no creer, por no estar dispuesto a esperar, y sobre todo, por haber dejado de amar.

La traición consiste en el pecado de romper la fidelidad
y la lealtad, en entregar el secreto y la confianza para tomar
ventaja y herir al prójimo en todas sus dimensiones: física,
emocional, moral y espiritual. También hay traición a la pa-
tria, la que realizan quienes venden un secreto de Estado y
pueden llegar a dañar con premeditación, alevosía y ventaja
el bienestar colectivo.

Si hemos sido traicionados nos podemos sentir, entre
otras emociones encontradas, destrozados, furiosos, deso-
lados, tristes, humillados, rechazados, inseguros o indigna-
dos. Sin embargo, no por eso renunciamos a la necesidad
humana de la pertenencia, de formar parte de una relación
amorosa. Para ello, por supuesto, nos ayuda que quien hizo
el mal sienta un arrepentimiento auténtico y un deseo sincero de buscar el perdón, esto es, perdonarse a sí mismo y
ser responsable para el perdón de aquellos a quienes afectó.

Y no se trata de ninguna manera de desear o devolver
el mal con el mal, al contrario, Jesús nos enseña a pensar
y sentir cristianamente que lo mejor para esa persona des-

tructora es saber que nuestro perdón y su arrepentimiento (que no necesariamente siguen un orden cronológico) son la ayuda espiritual para detener la cascada de consecuencias negativas, en el presente y en el futuro, que tienen sus acciones.

La sabiduría de Jesús nos dice que al estar libres de culpa siempre podemos volver a rescatarnos, a volver a nuestra paz interior y a tomar decisiones inteligentes basadas en la bondad y no en el resentimiento ni en la crueldad, ya sea para separarnos de alguien que en esos momentos puede seguir en su afán de lastimar y de destruir, o abrir nuestro corazón a la posibilidad de comprender y perdonar.

La traición puede ocurrir en todo tipo de relaciones humanas, no solamente en las de pareja o amorosas. Puede ocurrir entre colegas, patrones y trabajadores, maestros y alumnos, amigos, padres e hijos, hermanos... Y puede ser una deslealtad al lugar de trabajo, a la comunidad, al país. Sin embargo, la traición en última instancia consiste en fallar a Dios, porque si no flaqueamos y no perdemos la fe ni la confianza en él, entonces somos incapaces de traicionar. Si tenemos la fortaleza espiritual interna, si sabemos ver las señales de ayuda que como hijos de Dios tenemos por medio del Espíritu Santo en nuestra vida cotidiana, entonces podemos alejar la tentación de ser víctimas de la traición o caer en la tentación de ser los ejecutores de ella, ya que estaremos seguros acerca de dónde ponemos nuestro corazón; y si hemos sufrido, hallaremos con toda certeza el camino de la recuperación y de la sanación de nuestra alma.

El pecado de la traición es un proceso de hipocresía creciente; no es que aparezca como un suceso o un momento nada más. Es el resultado de una conciencia que se va deformando poco a poco hasta llegar a la mayor ruindad.

Y a pesar de todo, el Creador espera que recapacitemos, y por eso no interviene, y también porque de esa manera se garantiza el verdadero amor a Dios y al prójimo. Otra oportunidad que tenemos es admitir que fallamos y que podemos ser sinceros con nuestro Dios y con nosotros mismos para nunca imitar a Judas y sobre todo para estar abiertos a amar y perdonar, que en eso consiste la esencia del cristianismo.

El antídoto para prevenir el caer en el pecado o ser víctima de él (y no solamente en el caso del pecado de la traición) consiste en cultivar una visión de la vida que busque ser útil para los demás, sin egoísmos ni individualismos enfermos, y en comunicación constante con Dios nuestro Señor. Debemos tratar día a día de lograr la plena comunión con Él, ya sea mediante las buenas obras que hacemos por los demás o porque sufrimos, pues Jesús nos legó la lección de que el sufrimiento acogido con amor es victoria sobre el mal.

Dios nos pide que tomemos su mano y confiemos en Él. Que demos, mientras otros toman. Que amemos, mientras otros odian. Que digamos sí a la vida y a la esperanza, mientras otros amenazan con el poder de la destrucción.

Ofrezcamos misericordia y perdón, no venganza y condena. De esa manera podremos confiar de nuevo. "Si tienes algo contra alguien, perdónalo..." (Marcos 11: 25). Y es que en Jesús está el consuelo, el consejo y la compañía, ya que Él sufrió la traición, la tentación y la pérdida (Isaías 53: 3; Lucas 22: 33-34; Mateo 14: 10-13).

Estemos en paz y convencidos de que Dios se asomará a su horizonte y nos revelará su amor.

Oración de alabanza

Te alabaré, Señor, mi rey,

y te daré gracias, Dios, salvador mío.

Daré gracias a tu Nombre porque tú fuiste

mi protector y mi apoyo,

libraste mi cuerpo de la muerte,

del lazo de la lengua malvada

y de los labios que forjan la mentira;

cuando me veía rodeado de enemigos,

tú llegaste a socorrerme y me libraste.

Por tu gran misericordia y para gloria de tu Nombre,

me libraste de los dientes de aquellos

que estaban listos para tragarme,

me rescataste de las manos

de los que querían quitarme la vida

y de todas las calamidades

por las que he pasado, de la violencia

de las llamas que me rodearon

y en medio del fuego no me quemé;

me salvaste de las fuerzas oscuras de la muerte,

me pusiste a salvo de los falsos testimonios,

de los labios mentirosos y de las flechas de los

calumniadores. Mi alma llegó al borde de la muerte,

mi vida estuvo a punto de caer al infierno.

Me rodearon por todas partes y no había quien me

prestara socorro; buscaba algún salvador,

pero no había nadie.

Entonces me acordé de tu misericordia y de tus obras en

el pasado y de cómo salvas, Señor, a los que en ti esperan

y los libras de sus enemigos. Y elevé de la tierra mi

súplica, llamé a Dios desde las puertas de la muerte.

Clamé al Señor, padre de mi señor: "

Tú eres el que me salva, no me abandones en el día de

la prueba, cuando claman los orgullosos y no aparece el

socorro. Yo alabaré tu nombre sin cesar y te cantaré una

acción de gracias".

Eclesiástico 51

La recuperación

~~~~~~~~~~

Mientras él aún hablaba, he aquí vino una multitud.

El que se llamaba Judas, de los doce, venía delante de ellos y se acercó a Jesús para besarle. Entonces Jesús le dijo: "Judas, ¿con un beso entregas al Hijo del Hombre?"

Al ver los que estaban con él lo que había de ocurrir, le dijeron: "Señor, ¿heriremos a espada?"

Y uno de ellos hirió a un siervo del sumo sacerdote y le cortó la oreja derecha. Entonces respondiendo Jesús dijo: "¡Basta de esto!"

Y tocando su oreja, le sanó.

Lucas 22: 47-51.

as sagradas escrituras y el pensamiento moderno coinciden en que la mejor forma de liberarse de la desesperación es mediante la verdad. Sin embargo, la única forma de acercarnos a ella es cuando aprendemos a conocernos a nosotros mismos. La Biblia dice: "Y conoceréis la verdad, y la verdad os hará libres". La libertad la conoceremos cuando descubramos la verdad y la Biblia se convierte en un medio efectivo para ese propósito, es decir nos acerca a la liberación conociendo mejor nuestro ser interior. Y en el proceso del reconocimiento de nuestro ser, comienza en paralelo la curación del alma. Para alcanzar ese sentido de paz interior que nos brinda la curación, es necesario comenzar a realizar ejercicios mentales como reconocer a los personajes bíblicos y reflejarnos en ellos, sean éstos buenos o malos. La identificación con los personajes es un proceso tan complejo como lo es nuestra propia psique. Por ello descubriremos en la lectura de las sagradas escrituras que, con frecuencia, nos identificaremos con los malos, pues nuestra conciencia todavía no es pura. Esto no debe asustarnos, pues el reconocimiento del mal y el ser conscientes de lo proclives que somos a caer en éste, nos hará entenderlo mejor y al mismo tiempo nos hará fuertes para enfrentarlo. El máximo exponente del mal es Judas, pues él representa, entre tantos aspectos negativos, la infamia, el desprecio y la deshonra.

Judas encarna la traición, pues él conspira con las autoridades para entregar a Jesús por unas monedas. Judas es el referente del lado oscuro que los humanos también podemos tener. Con la lectura de la Biblia, reconocemos y reafirmamos lo doloroso y cruel que nos resulta la traición, y en este reconocimiento entendemos por qué ésta resulta un terrible acto y cuánto nos puede afectar. Las lecciones que encontramos para recuperarnos de una traición se pueden resumir en tres formas:

1) ¿Qué pasa cuando alguien te traiciona como lo hizo Judas con Jesús? Para resolver esta interrogante debes preguntarte cuáles fueron las razones para que te traicionaran. Si consultas las sagradas escrituras, encontrarás que Judas tuvo varias razones, injustificadas o no. Judas esperaba que el Mesías fuera, como se señalaba en las Escrituras, un guerrero que azotara las legiones del Imperio Romano y liberara al pueblo de Dios de la opresión invasora. Judas deseaba que Jesús se ajustara a esa idea; contrario a eso Jesús predicaba una forma de vida que establecía un reino de paz que no coincidía con el deseo de Judas en ver derrotados a los romanos. ¿En qué puede parecerse esta historia con lo que nos pasaría en la actualidad? Cuando nosotros tenemos una idea de lo que los otros deberían hacer a favor nuestro, pero esto no es posible, entonces nos sentimos defraudados, heridos y enojados porque los otros no se ajustaron a cumplir nuestros deseos. Estos sentimientos negativos afectan las relaciones familiares, de pareja e incluso las sociedades de negocios. Por eso se dice que si Judas hubiese conocido la verdad implícita en la palabra de Jesús, entonces habría conocido el mensaje cristiano y no se habría sentido defraudado. Eso mismo pasa con nuestras relaciones. En consecuencia y como lección debemos entender que es bien importante conocer las razones de la actuación de nuestros semejantes antes de juzgarlos. Antes de juzgar a una persona, pregúntate si eres justo con ella, si la otra persona sabía lo que tú esperabas de ella y, finalmente, si es correcto pedir a una persona que actúe como a nosotros convenga. Cuando tengas una respuesta a estas preguntas, es posible que elimines el sentimiento de traición.

2) ¿Qué pasa cuando nosotros traicionamos como lo hizo Judas con Jesús? Al igual que Judas, nosotros también podemos sentirnos tan decepcionados de la persona que más amamos que somos susceptibles de traicionarla. El dolor de la decepción es tan fuerte que actúa como una fuerza incontenible que nos aleja de la tranquilidad y del gozo. Casi siempre justificamos nuestra traición adjudicando al semejante que se alejó de nosotros, sin ser conscientes de que muy probablemente fuimos nosotros mismos quienes nos alejamos de éste. Jesús nunca se alejó de Judas ni lo excluyó de su amor, a pesar de que llegó a conocer las malas intenciones de éste. Judas se fue alejando de Jesús y con ello canceló la posibilidad de haber sido curado y salvado, cerrándose las puertas del amor al prójimo. La lección que debemos conocer es que en medio de las más profundas diferencias y malas intenciones, el amor es todavía posible. No debemos herir a quienes amamos pues siempre subsiste la llama del amor por muy débil que ésta parezca.

3) ¿Por qué nos autotraicionamos? Cuando Judas se hace consciente de la tragedia de la traición, decide autodestruirse, pues finalmente entiende que su desesperación lo llevó a terminar con lo que más amaba en su vida y con ello a terminar consigo mismo. Por ello no debemos permitir que nuestros dolores y decepciones terminen con nuestras relaciones y con nosotros mismos. El camino de Jesús es el perdón, la compasión por quienes al afectarnos se han afectado a sí mismos, y la entrega a los demás en el afecto y el entendimiento. Jesús cura los resentimientos y las enfermedades. Él es amor.

Oración del inocente

Señor, escucha mis gritos, atiende a mis clamores,

presta atención a mi plegaria,

pues no hay engaño en mis labios.

Espero en tu sentencia porque tus ojos sólo se fijan

en lo correcto.

Tú has examinado mi corazón, me has visitado de noche.

Me has probado y nada infame has hallado.

Confirma mis pasos en tus caminos

para que mis pies no vacilen.

Soy yo quien te llamo, esperando tu respuesta, oh Dios;

inclina a mí tu oído, escucha mi ruego.

Manifiéstate, Dios misericordioso,

que salvas a quienes confían en tu mano,

frente al agresor.

Guárdame como a la niña de tus ojos,

escóndeme a la sombra

de tus alas, lejos de los que me acosan,

lejos de mis enfurecidos enemigos,

que no entienden de razones sino que meditan

la violencia.

Me están vigilando, me rodean y se fijan

en mí para tirarme al suelo.

Yo, en cambio, como justo contemplaré tu rostro

y cada día, al despertar, me saciaré de tu semblante.

Salmo 17

La depresión

Se cansarán de hablar y no podrán decir más, pero no se sacia el ojo de ver ni el oído de oír.

Lo que fue volverá a ser, lo que se hizo se hará nuevamente. No hay nada nuevo bajo el sol.

Y si te dicen: «Mira esto es nuevo», aun eso ya fue en siglos anteriores.

No hay memoria de los ancianos; igual pasará con sus descendientes; nadie los recordará entre los que existan después.

Eclesiastés 1: 8-11.

La Biblia, ¡oh texto sabio y maravilloso!, nos demuestra una y otra vez que nada cambia realmente. Siempre todo es lo mismo en la vida. En el pasaje anterior encontramos que la vida desafortunadamente no siempre es positiva y alegre. Las Escrituras nos muestran que aun la depresión y la tristeza son naturales. Es casi imposible encontrar personas que puedan afirmar que permanentemente viven en un estado de felicidad; sin embargo las hay y es a ellas a quienes debemos seguir. Debemos aprender a mantener una reserva de emoción y energía positiva incesantes. Debemos asimismo aprender el don de rechazar los pensamientos oscuros y encontrar siempre el sentido positivo de la Biblia.

Cuando esto no suceda, tampoco debemos asustarnos, pues los seres humanos somos casi por naturaleza malhumorados, frustrados e inseguros. En ocasiones nos invade una sensación de malestar sin motivo aparente, la cual se manifiesta como neurosis y este desconcierto provoca depresión. No obstante lo anterior, la mente humana ha sabido convivir con la alegría y la tristeza. De hecho, esta manifestación dual es normal y saludable, pues todo es ciclo, como sucede entre lo bueno y lo malo, el día y la noche, la vida y la muerte, dos caras de la misma moneda. Así es también el cuerpo, el cual tiene tensión y desahogo, actividad y descanso, sueño y vigilia. Por eso, cuando la tristeza o los pensamientos negativos te invadan, debes reacondicionar tu cuerpo y alma. ¿Cómo? Medita, lee la Biblia y reencuéntrate con Dios. Éste es el comienzo de la etapa curativa, que es a la postre el camino para sanar.

Oración del afligido

Señor, no me reprendas en tu ira,
ni me castigues en tu enojo.

Misericordia, Señor, que desfallezco. Sáname tú,
porque el temor ha carcomido mis huesos.

Aquí me tienes sumamente perturbado,
y tú, Señor, ¿hasta cuándo?

Señor, vuélvete a mí, libra mi alma
y sálvame por tu gran compasión.

Porque después de muerto nadie te recuerda,
en el lugar oscuro nadie te alaba.

De tanto gemir estoy agotado, de noche en mi cama lloro
y mis lágrimas corren por el suelo.

Mis ojos se consumen de tristeza,

envejezco al ver tantos enemigos.

Apártense de mí los malvados,

porque el Señor ha oído mi llanto.

El Señor ha escuchado mi plegaria

y ha aceptado mi oración.

Que todos mis adversarios se avergüencen y se asusten,

y de repente retrocedan aterrados.

Salmo 6

El vicio

No destruyas por amor de la comida la obra de Dios. Todas las cosas son puras, pero es malo para el hombre comer escandalizando.

Romanos 14: 20.

Si eres flojo en el tiempo bueno, ¿qué fuerza tendrás el día de la desventura?

Proverbios 24: 10.

Se gozan en hacer el mal y se huelgan en la perversidad del vicio.

Proverbios 2: 14.

Inclina mi corazón a tus testimonios y no a la avaricia.

Salmos 119 (118): 36

Les dijo: "Mirad de guardaros de toda avaricia, porque, aunque se tenga mucho, no está la vida en la hacienda".

Lucas 12: 15.

Por la negligencia se cae la techumbre y por la pereza se dan goteras en la casa.

Eclesiastés 10: 18.

Ve, ¡oh perezoso!, a la hormiga; mira sus caminos y hazte sabio. No tiene juez, ni inspector, ni amo. Y se prepara en el verano su mantenimiento, reúne su comida al tiempo de la mies. O ve a la abeja y aprende cómo trabaja y produce rica labor, que reyes y vasallos buscan para sí y todos apetecen, y siendo como es pequeña y flaca, es por sabiduría tenida en mucha estima ¿Hasta cuándo, perezoso, acostado? ¿Cuándo despertarás de tu sueño? Un poco dormitar, un poco adormecerse, un poco cruzar las manos para descansar, y sobreviene como vagabundo la miseria y como hombre armado la indigencia.

Proverbios 6, 6-11.

¿Qué es el vicio? ¿Por qué razón decimos que el comer en exceso es un vicio, más todavía, un pecado? ¿Por qué llamamos genéricamente "vicios" al alcoholismo, a la drogadicción, o a las adicciones a diversas sustancias o prácticas?

Los filósofos paganos, que vislumbraron algo de la verdad posteriormente revelada, decían que el vicio es el exceso por abundancia o por carencia de algo. Toma el caso de la comida. ¿Cuánto se debe comer? La repuesta es sencilla, debemos comer hasta estar satisfechos, ni más ni menos. Dirás que algunos necesitan más y otros menos, o que algunos deben ingerir cantidades enormes de comida antes de sentirse satisfechos; eso no es enteramente cierto. Recuerda: ¿conoces a un goloso que se sienta realmente satisfecho? Un adicto jamás se siente plenamente saciado, por eso continúa atado a su adicción, jamás tendrá suficiente.

Observa cómo los vicios son propios de los seres humanos. Dirás que existen animales adictos a una u otra golosina, es verdad, pero esa adicción se debe al contacto con los hombres. Los animales salvajes comen lo necesario, duermen hasta sentirse descansados y no consumen, más que por error, sustancias que alteren su percepción o su ánimo. Entonces, ¿por qué el vicio sólo pertenece a los humanos? El vicio, tenlo siempre en mente, es un artilugio del enemigo de Dios, éste engaña, porque su deseo es acabar con la criatura favorita de Dios. Los caminos del vicio todos son caminos que desvían o que corren en sentido contrario al camino hacia Dios. La adicción a la droga causa la muerte de las personas; piensa cuántos inocentes mueren a causa de accidentes automovilísticos causados por conductores ebrios. Ahora pregúntate: ¿quién es la causa de todo el mal? ¿Es el Dios que ama, o el enemigo que odia?

¿Podemos librarnos de los vicios? La respuesta es Sí. Podemos librarnos de los vicios porque tenemos voluntad. Dios nos ha dotado de la voluntad, gracias a ella y a la razón podemos negarnos a hacer lo que no queremos. Apártate del vicio mientras haya tiempo. Deja ya aquello que te daña, es hora de ignorar el mal y de volver la mirada a Dios.

Un grito de angustia

Oh Dios, sálvame, porque las aguas me llegan hasta
el cuello. Me estoy hundiendo en profundos barrizales,
no hay dónde apoyar el pie.

Me estoy sumergiendo en profundas aguas
y las olas me cubren. Me he cansado de gritar,
mi garganta está ronca.

Mis ojos están cansados de tanto esperar a mi Dios.
Son más que los cabellos de mi cabeza
los que me odian sin motivo.

Son más fuertes que yo los que por calumnias me odian.
¿Tendré que pagar lo que no he robado?

Líbrame de este barro, que no me hunda; líbrame del
alboroto de las aguas profundas.

Que no me ahoguen las olas ni me trague el abismo,
ni el pozo cierre su boca sobre mí.

Señor, respóndeme, porque tu gracia es dulce,
y por tu gran misericordia vuélvete hacia mí.

Señor, hacia ti sube mi oración; sea ese día el de tu favor.

Según tu inmensa bondad, respóndeme, oh Dios,
siempre fiel para socorrer.

Salmo 69

La enfermedad

Les dijo: "Si escuchas a Yahvé, tu Dios; si obras lo que es recto a sus ojos; si das oído a sus mandatos y guardas toda sus leyes, no traeré sobre ti ninguna de las plagas con que he afligido a Egipto, porque yo soy Yahvé, tu sanador".

Éxodo 15: 26.

Servirás a Yahvé, tu Dios, y Él bendecirá tu pan y tu agua, y alejará de en medio de vosotros las enfermedades.

Éxodo 23: 25.

Recorría toda la Galilea, enseñando en las sinagogas, predicando el evangelio del reino y curando en el pueblo toda enfermedad y toda dolencia.

Mateo 4: 23.

¿Alguno entre vosotros enferma? Haga llamar a los presbíteros de la Iglesia y oren sobre él, ungiéndole con óleo en el nombre del Señor, y la oración de la fe salvará al enfermo, y el Señor le hará levantarse, y los pecados que hubiere cometido le serán perdonados. Confesaos, pues, mutuamente vuestras faltas y orad unos por otros para que seáis curados. Mucho puede la oración fervorosa del justo.

Santiago 5: 14-16.

Ya atardecido, le presentaron muchos endemoniados, y arrojaba con una palabra los espíritus, y a todos los que se sentían mal los curaba, para que se cumpliese lo dicho por el profeta Isaías, que dice: "El tomó nuestras enfermedades y cargó con nuestras dolencias".

Mateo 8: 16-17.

Puesto el sol, todos cuantos tenían enfermos de cualquier enfermedad los llevaban a Él, y Él, imponiendo a cada uno las manos, los curaba.

Lucas 4: 40.

ecuerda que Dios creó al mundo sin enferme-dades; fue la soberbia de su enemigo la que, ce-gando los corazones de los primeros hombres, provocó el pecado y con él su expulsión del Paraíso. Enton-ces se desataron todos los males que afligen a los hombres. Cuando en la Biblia leemos los pasajes que se refieren a las plagas que azotaron al pueblo de Dios o a los enemigos de éste nos percatamos de que las plagas también son las enfer-medades de todo tipo.

Dios nos envía enfermedades por dos motivos: para castigar nuestros pecados, o para adevertirnos y darnos la oportunidad de enmendarnos. Todos nos hemos pregun-tado por qué graves enfermedades afligen a la gente buena, mientras que algunos más que evidentemente no se com-portan conforme a los mandatos divinos gozan de perfecta salud. Abrumados por el dolor que implica saber que al-guien a quien amamos se encuetra postrado, o que sufre de dolores, olvidamos que la verdadera salud no está en este mundo, sino en el que nos espera después de la muerte.

La medicina moderna nos ha hecho creer que puede re-mediar todos los males. Nos sentimos un poco agripados, vamos al médico y éste nos ofrece el alivio inmediato. Pensamos que es la medicina la que cura, y al hacerlo perdemos de vista el hecho innegable de que la verdadera salud, es la salud de nuestra alma. Con razón nos maravillamos ante los avances de la medicina, pero debemos ser cuidadosos y no perder de vista quién es el verdadero dispensador de salud, como dice el Éxodo: "Servirás a Yahvé, tu Dios, y Él bendecirá tu pan y tu agua, y alejará de en medio de vosotros las enfermedades" (Éxodo 23: 25). Tú y tu médico no deben perder nunca de vista que el poder de sanar sólo pertenece a Dios, que su Hijo pudo sanar por ser Él Dios mismo. Charlatanes ha habido siempre, y todos podemos ser presas de sus engaños cuando perdemos de vista estas verdades, cuando nos alejamos de Dios y de su palabra expresada en la Biblia. Como persona que ama a los demás, como padre, hijo, hermano o amigo, debes procurar que tus seres queridos no se pierdan en la mentira. Acompáñalos, cuídalos, lee la Biblia con ellos, ayúdalos a recordar quién es la verdadera salud.

La enfermedad es un castigo, pero también es una prueba. Piensa en aquellas personas que padecen una enfermedad crónica, que día con día deben asistir al hospital a recibir algún tratamiento, que viven encadenados a una silla de ruedas o que no pueden olvidar sus medicamentos a riesgo de su propia vida. Algunos soportan con paciencia sus dolencias, mientras que otros sólo se quejan y maldicen su suerte. Pregúntate: ¿cuál de ellos vive de acuerdo a Dios? Sin lugar a duda, los primeros. El que vive siempre quejándose piensa sólo en sí mismo, es una persona egoísta, se considera víctima y olvida que Dios envió su castigo a todo el género humano, no a una sola persona; por esa razón todos enfermamos. En cambio, los que llevan su enfermedad incluso con alegría están conscientes de que ésta acabará tarde o temprano, en esta vida o en la otra, saben que los padecimientos se terminan y que existe un lugar más allá del tiempo, más allá de este mundo en donde todo es salud.

Oración
en tiempo de angustia

Señor, inclina tu oído y óyeme, porque soy pobre
y desamparado. Protégeme, ya que soy devoto tuyo.
Salva a tu siervo,
ya que confía en ti. Tú eres mi Dios, ten piedad de mí,
que te ruego sin descanso.
Alégrame cuando a ti levante mi alma. Tú, Señor, eres
compasivo y bueno, lleno de bondad con los que te
invocan. Señor, escucha mi oración,
presta oído al clamor con que te ruego.
A ti clamo en el día de mi pena y tú me respondes.
Tú, Señor, Dios mío, eres bueno y compasivo, lento para
enojarte, pero rico en bondad. Mírame y apiádate de mí,
dale fuerza a tu siervo y salva al hijo de tu sierva.
Demuéstrame tu bondad y que los demás se asombren,
Señor, al ver que tú me ayudas y me consuelas.

Salmo 86

La pobreza

Escuchad, hermanos míos, carísimos: ¿No escogió Dios a los pobres según el mundo para enriquecerlos en la fe y hacerlos herederos del reino que tiene prometido a los que le aman?"

Santiago 2: 5.

Solamente nos pidieron que nos acordásemos de los pobres, cosa que procuré yo cumplir con mucha solicitud.

Gálatas 2: 10.

El que maltrata al pobre injuria a su Hacedor; el que tiene piedad del pobre lo honra.

Proverbios 14: 31.

¿Sabéis qué ayuno quiero yo?, dice el Señor, Yahvé: Romper las ataduras de iniquidad, deshacer los haces opresores, dejar libres a los oprimidos y quebrantar todo yugo; partir el pan con el hambriento, albergar al pobre sin abrigo, vestir al desnudo y no volver tu rostro ante tu hermano.

Isaías 58: 6-7.

Más que las riquezas vale el buen nombre; más que la plata y el oro, la buena gracia. El rico y el pobre se encuentran, pero al uno y al otro los hizo Yahvé.

Proverbios 22: 1-2.

De nuevo os digo: es más fácil que un camello entre por el ojo de una aguja que entre un rico en el reino de los cielos.

Mateo 19: 24.

La pobreza no está donde la buscan los hombres. La verdadera pobreza es una virtud del que sabe que nada de lo que tiene es más que prestado. Dios le dio al hombre la propiedad, pero aquel que no ha aceptado a Dios en su alma olvida que deberá devolverlo todo al regresar a la tierra de la verdadera riqueza.

La fortuna son los problemas pues todos y cada uno de ellos le dan al creyente la oportunidad de probarse a sí mismo. Por esa razón algunos hombres virtuosos tienen dinero. En la agenda del creyente en Dios, están todos sus hermanos y su calendario señala todas las fechas para ayudarlos; Dios te dio fortuna para fortalecer a los tuyos y no para convertirte en una persona presuntuosa, vil y por lo tanto pobre.

Al que no habla Dios no lo oye, pero al que se queja lo castiga. Pues quejarse es el resultado de haber perdido la esperanza. El pobre que pide la ayuda del señor llena su casa de fortuna y el que lo rechaza se sumerge en la peor de las miserias, corre el riesgo de perder la fe pues ha perdido la confianza.

¿Es la falta de bienes materiales la verdadera pobreza? ¿Encuentra saciedad el rico? ¿Es la pobreza un castigo? En una sociedad dominada por el consumismo, la pobreza, la carencia o escasez del dinero se nos presenta como la peor de las desgracias. Todos hemos sido testigos de la enorme alegría que se refleja en el rostro de un niño sin recursos cuando por amor recibe un helado, o le permiten una vuelta gratis en el carrusel del parque. El pobre no pide más, pues ha aprendido a valorar lo que recibe, atesora momentos, imágenes, satisfacciones, en suma, guarda para sí el amor que ha recibido. En cambio el que es muy rico, termina por perder de vista el valor real de sus posesiones. Piensa por ejemplo en alguien que tiene un guardarropa más grande que la habitación que en este momento ocupas, ¿acaso el exceso no es un vicio en sí mismo?

El libro de Proverbios indica con toda claridad cuál debe ser la actitud del rico para con el pobre, pues: "El que maltrata al pobre injuria a su Hacedor; el que tiene piedad del pobre lo honra" (Proverbios 14: 31). Como el ejemplo anterior encontramos muchos más en esta obra sin par que es la Biblia. De todos ellos podemos concluir que la verdadera pobreza no es la pobreza material sino la falta de fe, la pobreza que se instala no en las casas, sino en los espíritus. Puede llegar a ser más pobre un rico, que un indigente. Sobran ejemplos en la literarura, en el cine y en el teatro, y si en el arte existen muchos, más hay en la vida real. La verdadera riqueza está en el amor, en la compañía de los seres queridos. ¿De qué nos sirve tener las joyas más caras, grandes mansiones, autos, si estamos solos? ¿Quién nos acompañará a la hora de la muerte, quién tomará nuestra mano para consolarnos en la aflicción?

Cuando Jesús dice que un rico no entrará fácilmente en el reino de los cielos significa que la mayoría de los ricos han

cambiado la búsqueda de la riqueza del alma, que es perpetua, por objetos que no perduran. La riqueza genera dis-
tracciones; los pobres, al estar despreocupados de los bienes
terrenales, tienen mucha más disposición para buscar a Dios
y esperar con ánimo el momento en que se unirán a Él.

Clamor contra el pecado

Señor, ¿por qué te alejas
y en momentos de angustia así te escondes?
El malo se hincha de orgullo y maltrata al pobre.
El pecador se jacta de sus malos deseos.

El impío dice con insolencia: "No hay Dios que me pida
cuentas." Su pensamiento no alcanza más allá y,
sin embargo, tiene éxito en sus empresas.
Señor, ¡haz algo!, extiende tu mano
y no olvides a los humildes.

Señor, tú escuchas el ruego de los humildes,
los alientas y los atiendes.
Harás justicia a los huérfanos y oprimidos
y ya no nos dominarán hombres de barro.

Salmo 10

La pérdida
de un ser querido

Oíd palabra de Yahvé, oh naciones, y hacedlo saber en las costas que están lejos, y decid:
El que esparció a Israel, lo reunirá y guardará como el pastor a su rebaño.
[…].

Y vendrán con gritos de gozo en lo alto de Sion, y correrán al bien de Yahvé,
al pan, al vino, al aceite, y al ganado de las ovejas y de las vacas; y su alma será
como huerto de riego, y nunca más tendrán dolor.

Entonces la virgen se alegrará en la danza, los jóvenes y los viejos juntamente;
y cambiaré su lloro en gozo; y los consolaré, y los alegraré de su dolor.

[…].

Así ha dicho Yahvé: Voz fue oída en Ramá, llanto y lloro amargo; Raquel
que lamenta por sus hijos y no quiso ser consolada acerca de sus hijos, porque
perecieron.

Así ha dicho Yahvé: Reprime del llanto tu voz y de las lágrimas tus ojos, por-
que salario hay para tu trabajo, dice Yahvé, y volverán de la tierra del enemigo.
Esperanza hay también para tu porvenir, dice Yahvé, y los hijos volverán a su
propia tierra.

Jeremías 31: 10-17.

La muerte de un ser querido es una de las pruebas más duras que nos envía Dios. Pocos hay que no experimenten la separación de aquellos a quienes han amado como un evento injusto, en especial cuando se trata de buenas personas. Incluso hay quienes, en su desesperación desean acompañar en su destino a los que han perdido la vida. Sienten, aun cuando confíen en la resurrección de la carne, que esta separación es de algún modo irrevocable. No están ciertos de reencontrarse con sus seres amados más allá del umbral de la muerte. Y la duda les angustia el corazón.

Olvidan que el Señor es misericordioso en extremo y que ha prometido a sus hijos no sólo la resurrección sino el reencuentro. Pero nos pide fe, paciencia y resignación. Porque así como ha sido escrito que el pueblo de Israel —es decir los hombres de fe—, será disperso y separado, también ha sido escrito que volverá a ser reunido bajo la égida divina, provisto de todo bien y libre de todo dolor. Por eso Raquel no quiso ser consolada por los hombres, porque ya tenía el consuelo y la esperanza de la palabra de Dios.

De igual manera, cuando perdemos a un ser querido, si algo puede mitigar el profundo pesar que esto nos causa es la confianza en que volveremos a reunirnos con ellos en paz y felicidad. Porque también se ha escrito: "El Señor no desecha para siempre; antes, si aflige, también se compadece según la multitud de sus misericordias; porque no aflige ni entristece voluntariamente a los hijos de los hombres" (Lamentaciones 3: 31-33).

Es decir, si hemos de separarnos temporalmente de los que amamos, no es para siempre, ni por injusticia, sino que forma parte del plan divino. Es parte de la pruebas que Dios ha impuesto a sus hijos para hacerlos crecer y volverlos dignos de su reino.

Y se ha de sobrellevar con entereza y resignación, lo que por supuesto no quiere decir que no tengamos derecho a estar tristes, como cuando un pariente o un amigo parte a un largo viaje y no sabemos cuándo lo volveremos a ver. Incluso llorar es perfectamente legítimo. Si la Biblia nos conmina a reprimir nuestras lágrimas es en el sentido de no convertirlas en manifestación de desesperanza y falta de fe. Podemos lamentarnos y sentir nostalgia, pero en la certeza de que nuestro dolor se tornará en una alegría como nunca antes hemos sentido al reencontrarnos con las personas que amamos al volver a nuestra propia tierra, que es el reino de Dios. Los que mueren antes que nosotros, simplemente han cumplido su destino en la tierra y se han adelantado a retornar al verdadero hogar de los hombres. De la misma manera, cada quien debe cumplir los trabajos que le han sido encomendados antes de volver a ver a los suyos.

Incluso Jesús, en su condición de hombre, hubo de sufrir esta separación de los que más amaba, los apóstoles. Pero pleno de confianza en nuestro Padre les advirtió, al profetizar su propia muerte: "También vosotros ahora tenéis tristeza; pero os volveré a ver, y se gozará vuestro corazón, y nadie os quitará vuestro gozo" (Juan 16: 22). Con ello, no sólo les reiteraba la promesa del gozoso reencuentro, sino los aleccionaba, y a todos nosotros también, que la pena no anidaba en el que iba a morir sino en los que le habían de sobrevivir. Es decir, debemos admitir que en buena parte el sufrimiento que experimentamos ante la pérdida de un ser querido es más por nosotros, que tenemos que padecer su ausencia, que por él, que ya disfruta de la bienaventuranza.

Así, pues, si somos capaces de abrir nuestra alma a esta expectativa y nos despojamos de la sombra de egoísmo que encierra nuestra pena, más que dejarnos arrastrar por ella, guardaremos vivo el amor que les profesamos en vida, pues este amor será el más firme sostén para que nos acompañe su espíritu durante todos y cada uno de los días que nos han sido destinados.

La casa de mi Dios

¡Cuán amables son tus moradas, oh Yahvé de los ejércitos!

Anhela mi alma y aun ardientemente

desea los atrios de Yahvé;

mi corazón y mi carne cantan al Dios vivo.

Aun el gorrión halla casa,

y la golondrina nido para sí, donde ponga sus polluelos,

cerca de tus altares, oh Yahvé de los ejércitos,

Rey mío, y Dios mío.

Bienaventurados los que habitan en tu casa;

perpetuamente te alabarán.

Bienaventurado el hombre que tiene en ti sus fuerzas,

en cuyo corazón están tus caminos.

Atravesando el valle de lágrimas lo cambian en fuente,

cuando la lluvia llena los estanques.

Irán de poder en poder;

verán a Dios en Sion.

Yahvé Dios de los ejércitos, oye mi oración;

escucha, oh Dios de Jacob.

Mira, oh Dios, escudo nuestro,

Y pon los ojos en el rostro de tu ungido.

Porque mejor es un día en tus atrios

que mil fuera de ellos.

Escogería antes estar a la puerta de la casa de mi Dios,

que habitar en las moradas de maldad.

Porque sol y escudo es Yahvé Dios;

gracia y gloria dará Yahvé.

No quitará el bien a los que andan en integridad.

Yahvé de los ejércitos,

dichoso el hombre que en ti confía.

Salmo 84 (83)

La culpa

Desde los días de nuestros padres hasta hoy hemos sido muy culpables; y por nuestras iniquidades, nosotros, nuestros reyes y nuestros sacerdotes hemos sido entregados a las manos de los reyes extranjeros, a la espada, a la cautividad, al saqueo, a la vergüenza que cubre todo nuestro rostro.

Esdras 9: 7.

… y, tocando con él mi boca, dijo: "Mira, esto ha tocado tus labios; tu culpa ha sido quitada y borrado tu pecado"

Isaías 6: 7.

Por consiguiente, como por la trasgresión de uno solo llegó la condenación de todos, así también por la justicia de uno solo llega la justificación de la vida.

Romanos 5: 8.

Ningún ser humano escapa a la culpa. En la Biblia la culpa y el pecado tienen significados muy cercanos pero no siempre iguales. Un significado de culpa en la Escritura es el de pecado original. Cuando la Biblia nos habla de la culpa en un sentido amplio se refiere a la suciedad con que quedó manchada nuestra alma a causa de la soberbia. La culpa de todo el género humano es el haberse dejado vencer por la ambición y el deseo de sabiduría. ¿Y todavía cargamos esa culpa? Sí, pues esa culpa original sólo quedará redimida el día en que se acabe la historia terrenal y empiece la historia verdadera, el día en que todas las almas de los justos se unan a su Creador.

La culpa es un estado del alma, el más infeliz de todos los que ésta puede experimentar. El que siente culpa se sabe muy lejos de Dios, pues su conciencia le indica que ha actuado mal, que le ha ofendido gravemente. Pero la culpa es también el instrumento que Dios nos ha dado para poder enmendarnos, para liberarnos del error. La culpa entonces se convierte en la luz que vislumbramos al final de la oscura cueva en la que nos adentramos a causa del pecado.

La culpa, al contrario que el pecado por sí solo, tiene también un lado positivo. El que se sabe culpable, también sabe que ante él se presenta la posibilidad del arrepentimiento verdadero y del perdón. De su voluntad dependerá el reencontrar el camino que Dios le ha marcado. La culpa es la grieta en una vasija, pero Dios, que es el gran alfarero, puede reparar el daño.

Muy distinta es la culpa que debe pagarse. El criminal, así como el pecador que se obstina en serlo, no se arrepienten del daño que han hecho. El pecador que no se arrepiente sólo tiene una certeza, la de su perpetua condena.

A causa de que la justicia humana no es perfecta, muchos culpables escapan de su domino. En cambio, la justicia divina es perfecta. No hay pecador que se libre. Puede ser que algún criminal, que siempre es un pecador, cualquiera que haya sido su crimen pueda caminar libre por la tierra; puede haberse burlado de la justicia de los hombres, pero Dios no pierde detalle alguno y tarde o temprano, el culpable encontrará su castigo.

¿Se puede obtener un beneficio de la culpa? Sabes que has actuado mal. Te sientes culpable, pero ¿te sientes realmente arrepentido? La culpa por sí sola no sirve más que para decirle a nuestra conciencia que hemos obrado mal. Es el arrepentimiento sincero y la voluntad de enmendar el daño lo que otorga utilidad a la culpa que sentimos.

Tú lo sabes bien, pues has procurado guiar tu vida por el camino trazado por Dios, reconoces que te has equivocado. Gracias a Él tu corazón alberga esperanza, amor y arrepentimiento verdadero. Entonces ¿qué estás esperando para devolver la salud a tu alma?

Dios es un Dios de amor, de perdón. Nunca abandona a sus hijos, incluso cuando han cometido los más graves pecados. Dios nos da todo y no nos niega nada cuando lo pedimos de corazón. Cuando el culpable pide el perdón de Dios, cuando repara el daño que ha causado, su alma se aquieta. Las culpas no siempre se borran, pero dejan de ser dolorosas heridas sangrantes para convertirse en las cicatrices que nos recuerdan permanentemente que Dios es el único y verdadero médico del género humano.

Sólo Dios cura. Sólo Dios nos da la salud eterna. Acércate a él y no abandones jamás su sendero.

Oración de arrepentimiento

Ten piedad de mí, Señor, en tu bondad, por tu gran
corazón, borra mi culpa. Que mi alma quede limpia
de malicia, purifícame tú de mi pecado.

Pues mi pecado yo bien lo conozco,
mi falta no se aparta de mi mente; contra ti,
contra ti sólo pequé, lo que es malo a tus ojos yo lo hice.

Por eso en tu sentencia tú eres justo,
no hay reproche
en el juicio de tus labios.

Tú ves que soy malo de nacimiento,
pecador desde el seno de mi madre.

Tú quieres rectitud de corazón, enséñame
en secreto lo que es sabio. Rocíame, y quedaré limpio;
lávame y quedaré limpio como la nieve.

Haz que sienta otra vez júbilo y gozo, y se regocijarán
estos huesos que has quebrantado.

Aparta tu semblante de mis faltas y borra todos
mis pecados. Crea en mí, oh Dios, un corazón puro,
y un espíritu firme dentro de mí.

No me rechaces lejos de tu rostro ni apartes de mí tu
santo espíritu. Dame tu salvación y mantén
en mí un alma generosa. De la muerte presérvame,
Señor, y aclamará mi lengua tu justicia.

Señor, abre mis labios y cantará mi boca tu alabanza.
¡Bendito seas, Señor, que no rechazas mis súplicas
ni me niegas tu amor!

¡Bendito sea el Señor que nos da su bendición,
bendito en todos los confines de la tierra!

Salmo 51

Los bienes materiales

Las bendiciones de Dios también
son materiales; adminístrelas sabiamente

La riqueza

El hombre de bien deja la herencia a los hijos de sus hijos; la riqueza del pecador se reserva al justo.

Proverbios 13: 22.

Buena es la riqueza en la que no hay pecado, mala la pobreza al decir del impío.

Eclesiástico 13: 24.

Cuídate de no olvidarte de Yahvé tu Dios... no suceda que comas y te sacies y edifiques buenas casas en que habites, y tus vacas y tus ovejas se aumenten, y la plata y el oro se te multipliquen... y se enorgullezca tu corazón y te olvides de Yahvé tu Dios... No digas, pues, en tu corazón: "Mi poder y la fuerza de mi mano me han traído esta riqueza".

Deuteronomio 8: 11-17.

El insomnio por la riqueza consume las carnes; las preocupaciones que trae ahuyentan el sueño. Las preocupaciones del día impiden dormir; la enfermedad grave quita el sueño. Se afana el rico por juntar riquezas, y cuando descansa, se hastía de sus placeres.

Eclesiástico 31: 1.

No os hagáis tesoros en la tierra, donde la polilla y el orín corrompen, y donde ladrones minan y hurtan; mas haceos tesoros en el cielo, donde ni polilla ni orín corrompen, y donde ladrones no minan ni hurtan; porque donde esté vuestro tesoro, allí estará también vuestro corazón.

Mateo 6: 19-21.

as Sagradas Escrituras nos dicen que la riqueza posee, como una moneda, dos caras, con un lado bueno y otro malo.

La riqueza tiene un lado positivo cuando es bien habida y es la recompensa a la virtud y al trabajo honrado. En este caso es un bien deseable. De suyo la riqueza no impide al hombre la santidad. Santos y ricos fueron Abraham, Jacob, José, David, Job y Tobías. En el libro de Eclesiástico (31: 8) se lee: "Feliz el rico que fue hallado intachable, que tras el oro no se fue. ¿Quién es, y le felicitaremos?, pues obró maravillas en su pueblo. ¿Quién sufrió esta prueba y fue hallado perfecto?; será para él motivo de gloria. ¿Quién puede prevaricar y no prevaricó, hacer mal y no lo hizo? Sus bienes se consolidarán, y la asamblea hablará de sus bondades".

Lo importante es que los bienes materiales no aparten a las personas del camino del Señor en aras de buscar la pura acumulación vanidosa y egoísta de dinero, sino que en el proceso de crear la prosperidad individual también se tenga la capacidad para producir beneficios a los demás. Un buen administrador transforma sus ingresos en fuentes de trabajo y bienestar comunitario.

Un hombre por mucho dinero que tenga, únicamente es rico si no hace del dinero su dios, y tiene siempre presente que la verdadera riqueza se encuentra en el alma, en cumplir con fe y alegría los valores cristianos que dan auténtica felicidad y dignidad a la vida, como son, entre muchísimos otros, el agradecimiento al Creador por el hecho de vivir y permitir que Jesús sea nuestra guía para poder salvarnos; dar y recibir amor; el privilegio de tener salud y trabajo; el sentir el cariño de la familia y los amigos, disfrutar las cosas buenas y sencillas de la vida: la sonrisa de un ser querido, un día de sol, la paz interior, e, igualmente, la oportunidad de aprovechar la abundancia material como medio para lograr el pleno desarrollo de uno mismo y el del prójimo en todas las dimensiones: física, intelectual, emocional, afectiva, moral y social.

Sin embargo, la riqueza tiene un lado negativo, y es cuando el hombre se aleja de Dios porque idolatra el dinero y pasa de la ambición a la codicia y ésta toma control de su vida y hace que su única obsesión sea el aumentar sus posesiones y tener cada vez más y más riqueza material y no espiritual. En el Nuevo Testamento, Jesús señala estos peligros: "No podéis servir a Dios y a las riquezas" (Lucas 16: 13). Y en el libro de Mateo (19: 24) se afirma: "Más fácil es que un camello pase por el ojo de una aguja que el que un rico entre en el Reino de los Cielos".

Estamos más cerca de Dios cuando rechazamos apostar nuestro destino a la acumulación y la ostentación de las riquezas y preferimos cumplir con humildad y sencillez lo que espera Cristo de nosotros. Leemos en el Eclesiastés (5: 9): "Quien ama el dinero, no se harta de él; y para quien ama riquezas, no bastan ganancias. También esto es vanidad". Es Jesús quien nos describe el verdadero tesoro de la espiritualidad, de la invocación a Dios y del amor que desafía a la muerte.

La riqueza es un medio para facilitar nuestro bienestar material. Pero como lo dijo Jesús: "No sólo de pan vive el hombre". En nuestra vida cotidiana, necesitamos abrirnos a las enseñanzas y a la práctica de las virtudes evangélicas para acercarnos a Dios y a nuestros semejantes, con amor, optimismo y alegría de vivir. Sin espiritualidad, la riqueza nos envanece, nos vuelve objetos de consumo o de efímera popularidad y nos puede hacer perder la fe y el sentido de realidad si nos aleja de nosotros mismos, de los demás y, sobre todo, de Dios.

Vanidad de las riquezas

¡Oídlo pueblos todos,
escuchad, habitantes todos de la tierra,
hijos de Adán, así como hijos de hombre,
ricos y pobres a la vez!

Mi boca va a decir sabiduría,
y cordura el murmullo de mi corazón;
tiendo mi oído a un proverbio,
al son de cítara descubriré mi enigma.

¿Por qué temer en días de desgracia
cuando me cerca la malicia de los que me hostigan,
los que ponen su confianza en su fortuna,
y se glorian de su gran riqueza?

¡Si nadie puede redimirse
ni pagar a Dios por su rescate!;
es muy cara la redención de su alma,

y siempre faltará, para que viva aún
y nunca vea la fosa.

Se ve, en cambio, fenecer a los sabios,
perecer a la par necio y estúpido,
y dejar para otros sus riquezas.

Sus tumbas son sus casas para siempre,
sus moradas de edad en edad;
¡y a sus tierras habían puesto sus nombres!

El hombre en la opulencia no comprende,
a las bestias mudas se asemeja.
Así andan ellos, seguros de sí mismos,
y llegan al final, contentos de su suerte.

Como ovejas son llevados al seol,
los pastorea la muerte,
y los rectos dominarán sobre ellos.

Por la mañana se desgasta su imagen,
¡el seol será su residencia!

Pero Dios rescatará mi alma
de las garras del seol me cobrará.

No temas cuando el hombre se enriquece,
cuando crece el boato de su casa.
Que a su muerte nada ha de llevarse,
su boato no bajará con él.

Aunque en vida se bendecía a sí mismo
"te alaban, porque te has tratado bien",
irá a unirse a la estirpe de sus padres,
que nunca ya verán la luz.

El hombre en la opulencia no comprende,
a las bestias mudas se asemeja.

Salmo 49

El trabajo

Con el sudor de tu rostro comerás el pan hasta que vuelvas a la tierra, pues de ella has sido tomado; ya que polvo eres, y al polvo volverás.

Génesis 3: 19.

Procura con diligencia presentarte ante Dios, probado como obrero que no tiene de qué avergonzarse, que distribuye rectamente la palabra de la verdad.

Timoteo 2: 15.

Todo lo que hagáis, hacedlo de corazón, como obedeciendo al Señor y no a los hombres.

Colosenses 3: 23.

Si alguno no mira por los suyos, sobre todo por los de su casa, ha negado la fe y es peor que un infiel.

Timoteo 5: 8.

Porque comerás del trabajo de tus manos, serás feliz y bienaventurado.

Salmos 128 (127): 2.

Todo el trabajo del hombre es para su boca, y nunca se harta su alma.

Eclesiastés 3: 7.

Así, pues, hermanos míos muy amados, manteneos firmes, inconmovibles, abundando siempre en la obra del Señor, teniendo presente que vuestro trabajo no es vano en el Señor.

1 Corintios 15: 58.

… ni de balde comimos el pan de nadie, sino que con afán y fatiga trabajamos día y noche para no ser gravosos a ninguno de vosotros.

Tesalonicenses 3: 8.

uando Dios nos expulsó del Paraíso nos condenó: "con el sudor de tu rostro comerás el pan" (Génesis 3: 19), y desde entonces los hombres perdieron el privilegio de recibir el pan sin dar nada a cambio. Recuerda que si el mundo en el cual vivimos y trabajamos está dividido en dos, existen siempre dos caminos para enfrentar la vida y nuestros deberes cotidianos; el camino que debes seguir es el trazado por Dios que infundió amor en tu corazón, el otro es el camino del mal, el del enemigo que busca la perdición de los hombres.

Dios nos da amor, y a cambio nos exige dar amor. No sólo debes dar amor a las personas sino también a las actividades que realices. A diario pregúntate si haces con amor tu trabajo pues en la medida en que así ocurra estarás de acuerdo con las verdad bíblicas como la expresada en 1 Corintios: "manteneos firmes, inconmovibles, abundando siempre en la obra del Señor, teniendo presente que vuestro trabajo no es vano en el Señor" (1 Corintios 15: 58.). Significan estas palabras que el trabajo también se hace en alabanza de Dios.

Podemos entender mejor la importancia del trabajo en nuestra vida como fieles si consideramos que Dios aborrece la pereza. En efecto, el que no trabaja teniendo ya la edad para hacerlo se convierte en una carga para los demás, abusa de ellos sin darles nada a cambio. Por eso dice la Biblia que no será un infiel aquel que no vea por el mantenimiento de los suyos.

De ti depende que tu trabajo no sea una condena sino una bendición. Algunas personas desprecian ciertos trabajos y los rechazan al suponer que es un trabajo que los denigra. Estas personas pierden de vista que trabajar es parte de la naturaleza humana, que el castigo que nos impuso Dios puede también transformarse en el instrumento de nuestra propia salvación.

Nos preguntamos si aquellas personas que trabajan excesivamente en verdad están honrado a Dios como deben ¿acaso no será el deseo de sobresalir, de imponerse a los demás, lo que provoca esa actitud tan obsesiva hacia el trabajo? Debemos darle a nuestro trabajo lo mejor de nosotros mismos, no dejar las cosas a medias, pero también recuerda que hay personas que te esperan, seres humanos a quienes debes atención y tiempo.

Dale a Dios lo que te pide por medio del trabajo. Haz tu trabajo con amor, del mismo modo en que adoras a Dios y amas a tus prójimos. Jamás te parecerá una carga si aprendes a amarlo y a alegrarte por él. Por la mañana antes de salir al trabajo piensa en los frutos que obtendrás y en el bien que significa el que cada uno de nosotros realice su labor. Si trabajas con la mirada alegre y la voluntad bien dispuesta, el cansancio que deje la jornada se verá compensado por la enorme satisfacción del deber cumplido.

Oración de alabanza

Te alabaré, Señor, porque me has librado.
Oh, Señor y Dios mío, clamé a ti y me has sanado.

Señor, tú sacaste mi alma del abismo, me hiciste revivir
cuando bajaba a la fosa.

Que los fieles canten al Señor
y den gracias a su santo Nombre.

Porque su enojo dura unos momentos
y su bondad la vida entera.

Al atardecer nos visita el llanto,
y por la mañana la alegría.

Apenas escondiste tu rostro, quedé desconcertado.
Señor, a ti clamo e imploro la misericordia de Dios.

Señor, escúchame y ten piedad de mí; Señor, sé mi ayuda.

Convertiste mi duelo en alegre danza, me sacaste el vestido de penitencia y me vestiste de alegría.

Por eso, que mi alma cante y no se calle. Señor, Dios mío, yo te quiero alabar eternamente.

Salmo 30

La salud corporal

Y he aquí que una mujer enferma de flujo de sangre desde hacía doce años, se le acercó por detrás y tocó el borde de su manto; porque decía dentro de sí: "Si tocare solamente su manto, seré salva".

Pero Jesús, volviéndose y mirándola, dijo: "Ten ánimo, hija; tu fe te ha salvado". Y la mujer fue salva desde aquella hora.

[...]

Recorría Jesús todas las ciudades y aldeas, enseñando en las sinagogas de ellos, y predicando el evangelio del reino, y sanando toda enfermedad y toda dolencia en el pueblo.

Mateo 9: 20-35.

on muchos los testimonios del Nuevo Testamento que dan cuenta de las curaciones que realizó el Hijo de Dios en personas afligidas por distintas enfermedades. Porque el Señor no sólo se interesa por la salud de las almas, sino también por la de los cuerpos.

Y en todos esos testimonios se nos muestra que la fe es esencial para lograrlo, pero no una fe pasiva, sino activa; es decir, sin esperar que automáticamente Él nos ponga a salvo de toda dolencia, sino haciendo lo necesario para evitarlas o, en caso de ya padecerlas, para remediarlas.

Así lo hizo la mujer que buscó por sí misma tocar el manto de Jesús y por ello fue salva, al darse cuenta Dios de que ella iba en su busca tratando de no importunarlo ni abandonándose a su mal.

Y es que el cuidado de nuestro cuerpo es uno de los deberes de los cristianos, tal como nos enseña el apóstol Pablo: "Así que, hermanos, os ruego por las misericordias de Dios, que presentéis vuestros cuerpos en sacrificio vivo, santo, agradable a Dios, que es vuestro culto racional" (Romanos 12: 1).

Mantener la salud corporal es una importante manera de alabar al Creador y a su creación, de la cual nuestros organismos forman parte. Por ello, si evitamos los malos hábitos y los vicios que dañan a nuestros cuerpos, los mantendremos limpios para complacencia divina y nos será recompensado con una vida más plena.

El Señor quiere que nos alimentemos adecuadamente, que tengamos hábitos higiénicos, que nos ejercitemos físicamente y que nos mantengamos libres de adicciones a fin de que nuestros cuerpos sanos sean testimonio vivo de su bondad y de sus dones.

Pero no siempre, a pesar de nuestros esfuerzos, es posible evitar las enfermedades. ¿Qué hacer entonces? ¿Rogar por un milagro?

Bueno, sí, pero en la conciencia de que no debemos esperar necesariamente un acontecimiento espectacular como los que relata la Biblia. Si Dios quiere, así será; pero Él ha provisto a la humanidad de diversos medios para librarnos de los padecimientos físicos, el más importante de los cuales es la medicina.

Que seamos hombres de fe no quiere decir que no recurramos al médico en caso de enfermedad; al contrario, es necesario que aprovechemos los avances médicos en la confianza de que son medios que Dios ha puesto a nuestra disposición para obrar el milagro de curarnos.

De hecho, es de recordar que muchos titanes de la biología y la medicina han sido fervientes cristianos. Baste mencionar a Gregor Mendel, padre de la genética, que fue monje agustino, y a Louis Pasteur, inventor de las vacunas y de la pasteurización de la leche.

No importa si se trata de la llamada medicina occidental, o de las conocidas como tradicionales o alternativas. Incluso no importa que el médico, si su intención es buena, sepa que es instrumento de la gracia divina. El Señor los ha puesto ahí para nuestro beneficio.

El Evangelio nos relata que los apóstoles quisieron prohibir a un hombre que realizara curaciones en nombre de

Cristo. "Pero Jesús dijo: No se lo prohibáis; porque ninguno hay que haga milagro en mi nombre, que luego pueda decir mal de mí. Porque el que no es contra nosotros, por nosotros es" (Marcos 9: 38-39).

Sin embargo, así como no basta esperar pasivamente la intervención divina, tampoco basta esperar todo de los médicos. Hay que tener fe, y arrepentimiento si incurrimos en descuido o mal uso de nuestro cuerpo. Ésa es indispensable labor en nuestra propia sanación.

Como dicen los psicólogos: la primera condición para curar a un paciente es que el paciente quiera curarse. Y mientras más complicada sea la enfermedad más importante es el papel de la fe.

La medicina moderna incluso ha acuñado el término "psicosomático" para referirse a casos que no pueden ser explicados sólo por razones materiales. Y aunque se ha popularizado como causa de enfermedad, también hay curaciones psicosomáticas.

Por ejemplo, las milagrosas —literalmente— remisiones del cáncer en pacientes que ya estaban desahuciados y que no son tan infrecuentes, también se registran para otras situaciones como parálisis, diabetes o, incluso, coma.

También están los casos llamados "efecto placebo", en los que los pacientes se alivian de una enfermedad administrándoles sustancias inocuas, como azúcar coloreada, porque tienen confianza en que así será.

Todo esto muestra cómo la fe no sólo contribuye con la acción médica, sino que a veces la rebasa. Confiemos, pues, en el Señor y en sus medios, para mantener sanos nuestros cuerpos, que son asiento del alma inmortal, mientras no sea llegada nuestra hora.

Dios cura al generoso

Bienaventurado el que piensa en el pobre;

en el día malo lo librará Yahvé.

Yahvé lo guardará, y le dará vida;

será bienaventurado en la tierra,

y no lo entregarás a la voluntad de sus enemigos.

Yahvé lo sustentará sobre el lecho del dolor;

Mullirás toda su cama en su enfermedad.

Yo dije: Yahvé, ten misericordia de mí;

sana mi alma, porque contra ti he pecado.

Mis enemigos dicen mal de mí, preguntando:

¿Cuándo morirá, y perecerá su nombre?

Y si vienen a verme, hablan mentira;

su corazón recoge para sí iniquidad,

y al salir fuera la divulgan.

Reunidos murmuran contra mí todos
lo que me aborrecen;
contra mí piensan mal, diciendo de mí:
cosa pestilencial se ha apoderado de él;
y el que cayó en cama no volverá a levantarse.
Aun el hombre de mi paz, en quien yo confiaba,
el que de mi pan comía, alzó contra mí el calcañar.
Mas tú, Yahvé, ten misericordia de mí
y hazme levantar, y les daré el pago.
En esto conoceré que te he agradado,
que mi enemigo no se huelgue de mí.

En cuanto a mí, en mi integridad me has sustentado,
y me has hecho estar delante de ti para siempre.
Bendito sea Yahvé, el Dios de Israel,
por los siglos de los siglos.
Amén y amén.

Salmo 41

Los dones

Nadie puede arrogarse nada si no se le ha dado desde el cielo.

Juan 3: 27.

Ahora bien, hay diversidad de dones, pero el Espíritu es el mismo. Y hay diversidad de ministerios, pero el Señor es el mismo. Y hay diversidad de operaciones, pero Dios, que hace todas las cosas en todos, es el mismo.

Corintios 12: 4-6.

Porque de la manera que en un cuerpo tenemos muchos miembros, pero no todos los miembros tienen la misma función, así nosotros, siendo muchos, somos un cuerpo en Cristo, y todos miembros los unos de los otros.

Romanos 12: 4-5.

Y él mismo constituyó a unos, apóstoles; a otros, profetas; a otros, evangelistas; a otros, pastores y maestros, a fin de perfeccionar a los santos para la obra del ministerio, para la edificación del cuerpo de Cristo, hasta que todos lleguemos a la unidad de la fe y del conocimiento del Hijo de Dios, a un varón perfecto, a la medida de la estatura de la plenitud de Cristo.

Efesios 4: 11-13.

os dones son manifestaciones del Espíritu Santo en tu alma. El don es lo que no se tiene y Dios te concede porque tú se lo pides o porque Él te lo da. También es una o varias facultades de las que Dios nos ha provisto para la vida, pero hay que ver el don espiritual como el conocimiento del Altísimo, el cual no tenemos de nacimiento.

Los dones son hábitos o disposiciones permanentes infundidos por Dios para potenciar en el alma humana la inspiración divina y sostener la vida moral cristiana. Conducen a la perfección de las virtudes de quienes los reciben y ponen en movimiento todo el organismo de nuestra vida sobrenatural hasta llevarlo a su pleno desarrollo.

Siete son los dones comunicados directamente al hombre por el Espíritu Santo: Sabiduría, inteligencia, consejo, fortaleza, ciencia, piedad y temor de Dios. Todos ellos, por la gracia del Señor, nos ayudan a trabajar juntos a su servicio y al de nuestro prójimo en la salvación de las almas. Los dones son transmitidos por Dios al alma humana para utilidad de todos. En las Sagradas Escrituras está: "A cada cual se le otorga la manifestación del Espíritu para provecho común" (Corintios 12: 4-7).

Los dones son cualidades que Dios nos da para hacer el bien de acuerdo con el llamado o vocación de cada uno. En el Nuevo Testamento, la Parábola de los Talentos (Mateo 25: 14-30) ejemplifica de manera sublime lo que espera el Señor de nosotros: no dejar escapar ninguna ocasión para aprovechar nuestros dones y hacerlos fructificar en bien de los demás.

En aquel tiempo, dijo Jesús a sus discípulos esta parábola:
Un hombre que se iba al extranjero llamó a sus siervos y les
encomendó su hacienda: a uno dio cinco talentos, a otro dos
y a otro uno, a cada cual según su capacidad; y se ausentó.
Enseguida, el que había recibido cinco talentos se puso a ne-
gociar con ellos y ganó otros cinco. Igualmente el que había
recibido dos ganó otros dos. En cambio el que había recibido
uno se fue, cavó un hoyo en tierra y escondió el dinero de su
señor. Al cabo de mucho tiempo, vuelve el señor de aquellos
siervos y ajusta cuentas con ellos. Llegándose el que había
recibido cinco talentos, presentó otros cinco, diciendo: Señor,
cinco talentos me entregaste; aquí tienes otros cinco que he
ganado. Su señor le dijo: ¡Bien, siervo bueno y fiel!; en lo
poco has sido fiel, al frente de lo mucho te pondré; entra en
el gozo de tu señor. Llegándose también el de los dos talentos
dijo: Señor, dos talentos me entregaste; aquí tienes otros dos
que he ganado. Su señor le dijo: ¡Bien, siervo bueno y fiel!;
en lo poco has sido fiel, al frente de lo mucho te pondré; en-
tra en el gozo de tu señor. Llegándose también el que había
recibido un talento dijo: Señor, sé que eres un hombre duro,
que cosechas donde no sembraste y recoges donde no esparcis-
te. Por eso me dio miedo, y fui y escondí en tierra tu talento.
Mira, aquí tienes lo que es tuyo. Mas su señor le respondió:
Siervo malo y perezoso, sabías que yo cosecho donde no sem-
bré y recojo donde no esparcí; debías, pues, haber entregado
mi dinero a los banqueros, y así, al volver yo, habría cobrado

lo mío con los intereses. Quitadle, por tanto, su talento y dád-
selo al que tiene los diez talentos. Porque a todo el que tiene,
se le dará y le sobrará; pero al que no tiene, aun lo que tiene
se le quitará. Y a ese siervo inútil, echadle a las tinieblas de
fuera. Allí será el llanto y el rechinar de dientes.

Observamos que cada uno debe hacer lo más que pueda
para retribuir con riqueza espiritual y bienestar social los
dones recibidos por el Señor. Por eso, son felicitados quienes han duplicado los talentos y han obtenido unos frutos
en proporción a sus capacidades y cualidades. Sin embargo,
hay quienes no hacen uso de sus dones por indolencia, pereza y miedo a actuar. Prefieren esconderse tras excusas y
pretextos y culpan a Dios o a los otros con tal de no asumir
su responsabilidad y no cumplir su misión en la tierra.

Dependiendo de nuestras posibilidades reales, de nuestros dones, carismas o "talentos" para incidir en el curso de
las cosas, de nuestra capacidad, disposición y actitud para
ejercer o liderar distintas actividades, profesiones u oficios,
debemos producir acciones benéficas, por pequeñas que
sean, y ayudar a construir un mundo de salvación.

El Dios del Sinaí
y del Santuario

Levántese Dios, sean esparcidos sus enemigos,
Y huyan de su presencia los que le aborrecen.

Como es lanzado el humo, los lanzarás;
como se derrite la cera delante del fuego,
así perecerán los impíos delante de Dios.

Mas los justos se alegrarán; se gozarán delante
de Dios, y saltarán de alegría.

Cantad a Dios, cantad salmos a su nombre;
exaltad al que cabalga sobre los cielos.
Jah es su nombre; alegraos delante de Él.

Padre de huérfanos y defensor de viudas
es Dios en su santa morada.

Dios hace habitar en familia a los desamparados;
saca a los cautivos a prosperidad;
mas los rebeldes habitan en tierra seca.

Oh Dios, cuando tú saliste delante de tu pueblo,

cuando anduviste por el desierto,

La tierra tembló;

También destilaron los cielos ante la presencia de Dios;

aquel Sinaí tembló delante de Dios, del Dios de Israel.

Abundante lluvia esparciste, oh Dios;

a tu heredad exhausta tú la reanimaste.

Los que son de tu grey han morado en ella;

por tu bondad, oh Dios, has provisto al pobre.

El Señor daba palabra;

había grande multitud de las que llevaban

buenas nuevas.

Huyeron, huyeron reyes de ejércitos,

y las que se quedaban en casa repartían los despojos.

Bien que fuisteis echados entre los tiestos,

seréis como alas de paloma cubiertas de plata,

y sus plumas con amarillez de oro.

Cuando esparció el Omnipotente los reyes allí,
fue como si hubiese nevado en el monte Salmón.

Monte de Dios es el monte de Basán;
monte alto el de Basán.

¿Por qué observáis, oh montes altos,
al monte que deseó Dios para su morada?
Ciertamente Yahvé habitará en él para siempre.

Los carros de Dios se cuentan por veintenas
de millares de millares;
el Señor viene del Sinaí a su santuario.

Subiste a lo alto, cautivaste la cautividad,
tomaste dones para los hombres,
y también para los rebeldes, para que habite entre ellos

Jah Dios.

Bendito el Señor; cada día nos colma de beneficios
el Dios de nuestra salvación.

Dios, nuestro Dios ha de salvarnos,

y de Yahvé el Señor es el librar de la muerte.

Ciertamente Dios herirá la cabeza de sus enemigos,

la testa cabelluda del que camina en sus pecados.

El Señor dijo: De Basán te haré volver;

te haré volver de las profundidades del mar;

Porque tu pie se enrojecerá de sangre de tus enemigos,

y de ella la lengua de tus perros.

Vieron tus caminos, oh Dios;

los caminos de mi Dios, de mi Rey, en el santuario.

Los cantores iban delante, los músicos detrás;

en medio las doncellas con panderos.

Bendecid a Dios en las congregaciones;

al Señor, vosotros de la estirpe de Israel.

Allí estaba el joven Benjamín, señoreador de ellos,
los príncipes de Judá en su congregación,
los príncipes de Zabulón, los príncipes de Neftalí.

Tu Dios ha ordenado tu fuerza;
confirma, oh Dios, lo que has hecho para nosotros.

Por razón de tu templo en Jerusalén
los reyes te ofrecerán dones.

Reprime la reunión de gentes armadas,
la multitud de toros con los becerros de los pueblos,
hasta que todos se sometan con sus piezas de plata;
esparce a los pueblos que se complacen en la guerra.

Vendrán príncipes de Egipto;
Etiopía se apresurará a extender sus manos hacia Dios.

Reinos de la tierra, cantad a Dios,
cantad al Señor;

Al que cabalga sobre los cielos de los cielos, que son desde la antigüedad;
he aquí dará su voz, poderosa voz.

Atribuid poder a Dios;
sobre Israel es su magnificencia,
y su poder está en los cielos.

Temible eres, oh Dios, desde tus santuarios;
el Dios de Israel, Él da fuerza y vigor a su pueblo.
Bendito sea Dios.

Salmo 68

El placer

Y de cuanto mis ojos me pedían, nada les negué. No privé a mi corazón de goce alguno, y mi corazón gozaba de toda mi labor, siendo éste el premio de mis afanes.

Eclesiastés 2: 10.

No hay para el hombre cosa mejor que comer y beber y gozar de su trabajo, y vi que esto es don de Dios. Porque ¿quién puede comer y beber sino gracias a Él?

Eclesiastés 2: 24-25.

Alégrate, mozo, en tu mocedad y alégrese tu corazón en los días de tu juventud; sigue los impulsos de tu corazón y los atractivos de tus ojos, pero ten presente que de todo esto te pedirá cuenta Dios.

Eclesiastés 11: 9.

Que no reine, pues, el pecado en vuestro cuerpo mortal, obedeciendo a sus concupiscencias.

Romanos 6:12.

Os digo, pues: Andad en espíritu y no deis satisfacción a la concupiscencia de la carne.

Gálatas 5: 1.

Porque todo lo que hay en el mundo, concupiscencia de la carne, concupiscencia de los ojos y orgullo de la vida, no viene del Padre, sino que procede del mundo.

1 Juan 2: 16.

l placer es un presente de Dios. El sentirnos bien es un don divino, un don de amor. Al momento de la creación Dios también nos dio la capacidad de sentir. Todos los seres vivos, tienen sentidos, pero sólo los hombres buscan halagar esos sentidos. A lo largo de la historia la búsqueda del placer de los sentidos ha marchado de la mano de la alabanza a Dios. Piensa en las grandes obras musicales, recuerda las obras de arte. Los artistas hacen uso de sus sentidos, si son fieles a Dios procurarán que sus obras canten la gloria de Dios. Son las obras especialmente dedicadas a Dios las más valiosas, no siempre por la calidad de su factura, sino por la intención con la que fueron hechas.

La búsqueda del placer, puede sin embargo conducirnos por el camino del error, pues como en todas las actividades humanas el exceso conduce al vicio. A Dios sin duda le agrada el observar a sus hijos felices; es por eso que nos permite regocijarnos en diversos placeres; el saborear una buena comida, comer una fruta madura y dulce, escuchar una melodía hermosa, aspirar la fragancia de las flores o sentir la fresca brisa del otoño en nuestra piel. Pocas cosas hay más placenteras que contemplar un hermoso paisaje. Pero nada molesta más a Dios que el ver a sus hijos apartados de la senda marcada por Él, sumergidos en los más variados excesos. Recuerda que la ira de Dios se ha desatado precisamente cuando los hombres se han excedido en la búsqueda y en la obtención del placer.

El placer puede incluso tornarse peligroso. En exceso, la búsqueda o la obtención de placer provoca la pérdida de la conciencia. Envueltos en el deleite, nos olvidamos de todo y quedamos indefensos, a merced de cualquiera que quiera dañarnos. Es en ese momento cuando el enemigo puede hacernos su presa pues nuestros sentidos están tan ocupados en el deleite que no pueden ya reaccionar como deben ante el peligro.

Advierte que el placer del cuerpo, el que halaga los sentidos siempre es pasajero, comienza en determinado momento, pero termina en un instante. Terminamos de comer o la pieza musical llega a su fin, la luz que te permitía observar el hermoso paisaje cede paso a la oscuridad y la visión se esfuma. ¿En qué consiste pues el verdadero placer? ¿En qué lugar de tu cuerpo debes experimentar el verdadero gozo? En el corazón. Pues el verdadero placer, el placer permanente es el calor que inunda nuestro corazón cuando dejas que Dios habite en él.

El alma sedienta de Dios

Señor, tú eres mi Dios, a ti te busco,
mi alma tiene secl de ti, en pos de ti mi carne desfallece
como tierra seca, sedienta, sin agua.

Yo quiero contemplarte en el santuario para admirar
tu gloria y tu poder.
Pues es mejor tu amor que la existencia,
tu alabanza mis labios contarán.

Podré así bendecirte mientras viva y levantar mis manos
en tu Nombre. Como de carne sabrosa me hartaré,
te elogiaré con labios jubilosos.

Cuando estoy atestado pienso en ti, y durante la noche en
ti medito, pues tú fuiste un refugio para mí y me alegré
a la sombra de tus alas; mi alraa se estrecha a ti con
fuerte abrazo encontrando su apoyo en tu derecha.

Salmo 63

Los bienes espirituales

Una vida exitosa sólo lo es si colocamos
en el centro de ella los valores del espíritu

El espíritu

Creedme:

Yo estoy en el Padre y el Padre está en mí. Al menos, creedlo por las obras.

En verdad, os digo, el que crea en mí, hará él también las obras que yo hago, y hará mayores aún, porque yo soy el Padre. Y todo lo que pidas en mi nombre, yo lo haré, para que el Padre sea glorificado en el Hijo. Si me pedís algo en mi nombre, yo lo haré.

Si me amáis, guardaréis mis mandamientos; y yo pediré al Padre y os dará otro Paráclito, para que esté con vosotros para siempre, el Espíritu de la verdad, a quien el mundo no puede recibir, porque no le ve ni le conoce. Pero vosotros le conocéis, porque mora con vosotros.

No os dejaré huérfanos: Volveré a vosotros. Dentro de poco el mundo ya no me verá, pero vosotros sí me veréis, porque yo vivo y también vosotros viviréis. Aquel día comprenderéis que yo estoy en mi Padre y vosotros en mí y yo en vosotros.

Juan 14: 11-20.

¿O no sabéis que vuestro cuerpo es santuario del Espíritu Santo que está en vosotros y habéis recibido de Dios, y que no os pertenecéis?

I Corintios 6: 19.

Si vivimos según el Espíritu, obremos también según el Espíritu.

Gálatas 5: 25.

Porque la palabra de Dios es viva y eficaz, y más cortante que toda espada de dos filos; y penetra hasta partir el alma y el espíritu, las coyunturas y los tuétanos,

y discierne los pensamientos y las intenciones del corazón. Y no hay cosa creada
que no sea manifiesta en su presencia; antes bien todas las cosas están desnudas y
abiertas a los ojos de aquel a quien tenemos que dar cuenta.

Hebreos 4: 12-13.

l Espíritu —del hebreo "ruach" y del griego
"pneuma", aliento, respiración— es vida del
alma, aliento de vida, respiración, potencia, inteligencia superior que proviene de Dios.

Cada ser humano tiene su esencia o espíritu, que es único y característico, ante Dios y los hombres. Dios Padre,
el Creador, nos da generosamente la vida y la libertad de
disfrutarla porque Él es Amor, Misericordia y Piedad. Él
nos ofrece una Alianza para recorrer el camino hacia la salvación. Y es Jesucristo, su amado Hijo hecho carne, quien
prolonga la Alianza: mediante su sacrificio, para redimirnos
de nuestros pecados, y por sus enseñanzas, que nos unen a
las virtudes divinas gracias a la oración y la vida cristiana.

El Espíritu Santo, junto con Dios Padre y Jesucristo,
forma el misterio de la Santísima Trinidad. Es el aliento
divino que nos otorga el don sobrenatural de conocer a
Dios. Es la fuente de amor, de vida, de unión entre Jesucristo y nosotros, y de fe en la vida eterna. Es quien hace
de Jesucristo el Hijo de Dios desde el seno de su madre la

Virgen María. Es la fuerza celestial que transforma las personalidades humanas de jueces, reyes y profetas y que completa la formación de los apóstoles y los impulsa hasta los confines de la tierra a predicar el Evangelio. Es la garantía viva y divina de la presencia de Dios nuestro Señor en la Iglesia y en todos sus hijos.

En tiempo de dificultades, el Espíritu Santo nos conduce a buscar la familiaridad con Dios Uno y Trino, y nos anima a salir de nuestros problemas personales, familiares y de nuestro entorno social, ya que nos hace volver a esforzarnos por encontrar la verdad en todos sus niveles (práctico, científico, espiritual y divino), la belleza y el bien. La fe en el Espíritu Santo evita que nos paralicemos por el dolor o el desconsuelo pues nos lleva a sentir la palabra creadora del Señor, vencedor de la muerte, y a acceder a lo que no se ve: a las realidades espirituales y divinas.

Para responder a las preguntas fundamentales de ¿Quiénes somos? ¿De dónde venimos? ¿A dónde vamos?, el Espíritu Santo nos ayuda a encontrar las respuestas cuando nuestras actitudes cotidianas se integran con la fe y fortalecen nuestra convicción de que sólo una vida relacionada con el Creador adquiere pleno sentido.

Es el Espíritu Santo quien nos inspira y nos permite dar un tono sobrenatural a nuestros pensamientos, deseos y obras, de manera que podamos ver de frente nuestras circunstancias y con confianza proyectemos nuestros mejores ideales y planes hacia el futuro realizando lo que Dios espera del desarrollo de nuestra vocación personal.

Nuestra vitalidad espiritual, que es la presencia del Espíritu Santo en nosotros, crece en la fe, en la oración y en el amor al prójimo. Por eso debemos desarrollar un estilo de vida que plasme estas vivencias en nuestra esfera de acción: en el hogar, con nuestros familiares y amigos, en el barrio, en la parroquia y en donde uno estudia o trabaja. Este crecimiento interior nos llena de esperanza y consuelo porque nos permite recoger los frutos del Espíritu Santo de "amor, alegría, paz, paciencia, afabilidad, bondad y fidelidad" (Gálatas 5: 22) y nos recuerda que "Dios nos ha escogido desde el principio para la salvación, mediante la acción santificadora del espíritu y la fe en la verdad" (2 Tesalonicenses 2: 13).

Oración del buen pastor

El Señor es mi pastor: nada me falta;
en verdes pastos Él me hace reposar
y adonde brota agua fresca me conduce.

Conforta mi alma, por el buen camino me conduce
por amor de su nombre.
Aunque pase por valle de sombras,
no temo ningún mal, porque tú estás conmigo,
tu vara y tu bastón me protegen.
Me sirves a la mesa frente a mis adversarios,
con aceite perfumas mi cabeza y rellenas mi copa.

El bien y la misericordia me seguirán
todos los días de mi vida
y en la casa del Señor viviré por días sinfín.

Salmo 23

La humildad

Replicó Abraham: "En verdad es atrevimiento el mío al hablar a mi Señor, yo que soy polvo y ceniza...".

Génesis 18: 27.

"¡Desnudo salí del seno de mi madre, desnudo allá retornaré!"

Job 1: 21.

Recibe de su boca la enseñanza, pon sus palabras en tu corazón... Si vuelves a Sadday con humildad, si alejas de tu tienda la injusticia, si estimas el oro como polvo, el Ofir como guijarros del torrente, Sadday se te hará lingotes de oro y plata a montones para ti. Tendrás entonces en Sadday tus delicias y hacia Dios levantarás tu rostro. Él escuchará cuando le invoques, y podrás cumplir tus votos. Todo lo que emprendas saldrá bien, y por tus caminos brillará la luz. Porque Él abate el orgullo de los grandes, pero socorre al que baja los ojos. Él salva al inocente; si son tus manos puras, serás salvo.

Job 22: 21.

Se te ha declarado, oh hombre, lo que es bueno, lo que Yahvé de ti reclama: tan sólo practicar la equidad, amar la piedad y caminar humildemente con tu Dios.

Miqueas 6: 8.

Entonces Jesús llamó a los Doce Apóstoles y les dijo: "Si uno quiere ser el primero, sea el último de todos y el servidor de todos".

Marcos 9: 33.

Dijo Jesús: "Venid a mí todos los que estáis fatigados y sobrecargados, y yo os daré descanso. Tomad sobre vosotros mi yugo, y aprended de mí, que soy manso y humilde de corazón; y hallaréis descanso para vuestras almas. Porque mi yugo es suave y mi carga ligera".

Mateo 11: 28.

En aquel momento se acercaron a Jesús los discípulos y le preguntaron: "¿Quién es, pues, el mayor en el Reino de los Cielos?" Él llamó a un niño y lo puso en medio de ellos y dijo: "Yo os aseguro, si no cambiáis y os hacéis como los niños, no entraréis en el Reino de los Cielos".

Mateo 18:1.

En virtud de la gracia que me fue dada, os digo a todos y a cada uno de vosotros: "No os estiméis en más de lo que conviene; tened más bien una sobria estima según la medida de la fe que otorgó Dios a cada cual".

Romanos 12: 13.

Tened un mismo sentir los unos para con los otros; sin complaceros en la altivez; atraídos más bien por lo humilde; no os complazcáis en vuestra propia sabiduría.

Romanos 12: 16.

De igual manera jóvenes, sed sumisos a los ancianos; revestíos todos de humildad en vuestras mutuas relaciones, pues Dios resiste a los soberbios y da su gracia a los humildes.

1 Pedro 5: 5.

Pero llevamos este tesoro en vasos de barro, para que aparezca que la extraordinaria grandeza del poder es de Dios, y que no viene de nosotros.

2 Corintios 4: 7.

esucristo nos enseña en el Evangelio a imitar su humildad, pero ¿por qué es tan necesario llevar a la práctica sus enseñanzas? Entre las muchas razones hay una fundamental, y es que el mundo moderno debe rescatar el mensaje evangélico de la humildad para poder responder con dignidad y paz espiritual a la pregunta "¿cómo debo vivir cristianamente?".

Vivimos tiempos en los que requerimos con urgencia rescatar los valores profundos de la vida cristiana. En el caso de la humildad, es la virtud que nos muestra el camino de la sencillez hacia Dios y hacia nuestro perfeccionamiento humano. Para ello simplemente debemos ser dóciles a la palabra de Jesús y permitir que por medio de la fe el Espíritu Santo nos inspire interiormente. Así, aceptaremos nuestras virtudes y nuestros defectos, desarrollaremos el hábito de buscar la grandeza de alma, la magnanimidad y relegar las cosas mezquinas, como son el orgullo, la vanidad, la apuesta por obtener fama y riqueza a cualquier precio, a costa de nuestra dignidad, nuestra salud y nuestra condenación espiritual.

Somos humildes cuando por nuestra fe descubrimos que dependemos totalmente de Dios y que tenemos una confianza sin límites en Él porque sabemos que estamos en sus manos. Por eso, la pobreza se identifica con la humildad en el sentido de que, como hijos de Dios, saldremos del mundo terrenal "ligeros de equipaje", y no hay riqueza material que valga si no aceptamos nuestra condición de tránsito por esta tierra y nuestra misión de buscar al Creador cumpliendo sus normas con amor, bondad, justicia y humildad.

Ser humildes significa aceptar la realidad de que todos somos iguales ante los ojos de nuestro Padre. El hábito de ser humildes nos evita caer en lo contrario y ponernos en el camino de perdición, esto quiere decir: ser orgullosos por nuestro poder, riqueza material y vanidad enferma debido al hecho de atesorar, de tener cosas materiales y relaciones egoístas efímeras, basadas en la frivolidad y la pura conveniencia. Desde el punto de vista evangélico, estas personas son ricas en objetos y atributos materiales, pero pobres en su vida espiritual. La humildad de Jesucristo se despliega desde la familia y el lugar que escoge para nacer y vivir: Hijo de padres pobres en un pueblo pequeño habitado por gente pobre. Él, a pesar de su condición divina, se hizo semejante a los hombres y obedeció a Dios Padre hasta la pasión final. Esta lección de humildad nos enseña a ponernos en manos de Dios y nos alumbra el camino que habremos de recorrer para amar al prójimo antes de que podamos merecer la apertura del misterio de Dios.

Con espíritu de infancia

No está inflado, Yahvé, mi corazón,
ni mis ojos subidos.

No he tomado un camino de grandezas
ni de prodigios que me vienen anchos.

No, mantengo mi alma en paz y silencio
como niño destetado en el regazo de su madre.

¡Como niño destetado está mi alma en mí!

¡Espera, Israel, en Yahvé
desde ahora y por siempre!

Salmo 131 (130)

La fortaleza

El Señor es mi roca, mi baluarte y mi libertador; mi Dios, mi roca en quien me refugio; mi escudo y la fuerza de mi salvación, mi altura inexpugnable.

Salmos 18: 2.

El Señor es mi luz y mi salvación; ¿a quién temeré? El Señor es la fortaleza de mi vida; ¿de quién tendré temor?

Salmos 27: 1.

Mío es el consejo y la prudencia, yo soy la inteligencia, el poder es mío.

Proverbios 8: 14.

El malo huye cuando nadie lo persigue, pero el justo como un león está seguro.

Proverbios 28: 1.

Él da esfuerzo al cansado, y multiplica las fuerzas al que no tiene ningunas. Los muchachos se fatigan y se cansan, los jóvenes flaquean y caen; pero los que esperan a Yahvé tendrán nuevas fuerzas; levantarán alas como las águilas; correrán, y no se cansarán; caminarán, y no se fatigarán.

Isaías 40: 29-31.

No temas, porque yo estoy contigo; no te desalientes, porque yo soy tu Dios. Te fortaleceré, ciertamente te ayudaré, sí, te sostendré con la diestra de mi justicia.

Isaías 41: 10.

Y díjome el Señor: "No digas, soy niño; porque a todo lo que te enviaré irás tú, y dirás todo lo que te mandaré. No temas delante de ellos, porque contigo soy para librarte". Y extendió el Señor su mano, y tocó sobre mi boca; y díjome el Señor: He aquí he puesto mis palabras en tu boca.

Jeremías 1: 7-9.

Y pelearán contra ti, mas no te vencerán; porque yo soy contigo, dice el Señor, para librarte.

Jeremías 1: 17-19.

Velad, manteneos firmes en la fe, sed hombres, sed fuertes.

Corintios 16: 13.

Fortaleceos en el Señor y en la fuerza de su poder. Revestíos de las armas de Dios (...) Por tanto, tomad toda la armadura de Dios, para que podáis resistir en el día malo, y habiéndolo hecho todo, estar firmes.

Efenicios 6: 10-13.

Todo lo puedo en Cristo que me fortalece.

Filemón 4: 13.

n las Sagradas Escrituras encontramos los testimonios de fortaleza divina que el Creador da a los hombres: La liberación del pueblo judío de la esclavitud de Egipto; la separación del Mar Rojo para abrir el paso a los hijos de Israel en su travesía; el río Jordán deja seco su cauce para que los israelitas continúen su marcha hacia la Tierra Prometida; David decide el final de la guerra en contra de los filisteos en favor de los israelitas, armado con la fuerza de su fe y el uso de una simple honda que, al lanzar una sola piedra, golpea en la frente al feroz guerrero Goliat y lo mata; la valentía, astucia y audacia mostradas por la heroína Judit para salvar a Judea del asedio de los asirios, al decapitar a Holofernes, general de Nabucodonosor; la protección divina para que Daniel saliese ileso del foso de los leones al que había sido condenado por la envidia de los sátrapas de Babilonia; la resistencia y firmeza espiritual y física mostradas por el profeta Jeremías ante los maltratos, los azotes y las detenciones de quienes se oponían a que cumpliera con la tarea encargada por Dios; el poder de anunciar el Evangelio a los apóstoles para proclamar con confianza, sin temor, la palabra del Señor, y la vida, muerte y resurrección de Jesús, el obrador de milagros.

Es Cristo el modelo de fortaleza. Asume y experimenta la debilidad humana a lo largo de su vida en la tierra (Mateo 26: 38), al mismo tiempo se mantiene firme en la obediencia de la voluntad del Padre y se identifica con ella. Demuestra el grado supremo de fortaleza en el martirio y en el sacrificio de la cruz. Vive en su propia carne lo que había aconsejado a sus discípulos: "No tengáis ningún miedo a los que matan el cuerpo pero no pueden matar el alma; temed ante todo al que puede hacer perder alma y cuerpo en el infierno" (Mateo 10: 28). Después de su resurrección y ascensión al cielo, Cristo envía al Espíritu Santo a sus discípulos y, con Él, la fuerza divina que los fortalece interiormente (Efesios 13: 16), junto con la valentía necesaria para proclamar la palabra del Señor, incluso a costa de la vida.

Pero, ¿qué es la fortaleza, cuál es su finalidad, ser fuertes, para qué?

La fortaleza es ante todo un atributo divino, un don de Dios, una concesión y una virtud cardinal que consiste en vencer el temor y evitar la temeridad para luchar contra todos los obstáculos y para lograr que prevalezca el bien.

La esencia del don de la fortaleza consiste en revestir al hombre de la fortaleza misma de Dios. Permite vencer al temor, incluso a la muerte, y hacer frente a las pruebas y persecuciones. Capacita para ir hasta la renuncia y el sacrificio de la propia vida por defender una causa justa.

Es un don concedido y enviado por el Espíritu Santo al hombre que no es soberbio, que admite con humildad sus propias debilidades y flaquezas, que reconoce los límites de su fuerza, valentía y sabiduría y que agradece al Señor toda la ayuda que le pueda enviar para hacer el bien. Por eso en el Antiguo Testamento, leemos: "Pon tu suerte en Yahvé, confía en Él, que Él obrará" (Salmos 37: 5); y, en el Nuevo Testamento: "Sin mí, no podéis hacer nada" (Juan 15: 3), y: "Llevamos este tesoro en vasos de barro para que se reconozca que la sobreabundancia de poder es de Dios y que no proviene de nosotros" (2 Corintios 4: 7).

Asimismo, la fortaleza es la virtud moral que con firmeza, perseverancia y constancia nos conduce a la búsqueda del bien y nos prepara para afrontar y superar las dificultades y sufrimientos a lo largo de nuestra vida. Reafirma la resolución de luchar contra la iniquidad, contra el mal que hacemos y el mal que padecemos y nos ayuda a resistir los vicios y tentaciones. A mayores virtudes de fe, esperanza y amor, mayor es la identificación con Cristo y más firme será la persona para resistir el mal o encarar las dificultades que se le presenten. La fortaleza en la adhesión a las virtudes teologales y morales permite realizar aquellas cosas que un buen cristiano debe hacer, a pesar de los obstáculos, la adversidad, las amenazas y los peligros.

La finalidad de la fortaleza es moderar las pasiones para tener la unión con el bien y ganar la salvación eterna mediante las acciones buenas y justas. De esta manera la fortaleza, al estar al servicio de la justicia para no servir al mal, es una virtud insuficiente si no sabemos lo que es el bien. Y es sólo gracias a la prudencia, a la valoración prudente de lo que se arriesga y de lo que se intenta proteger o conseguir, como podemos discernir cuál es el bien.

No debemos ceder al miedo a perder los bienes temporales cuando nos impiden amar a Dios, pero no deben despreciarse en cuanto nos sirven para amarle.

Aunque el fin de la fortaleza es no ceder en la lucha contra el mal, esto no significa que ello sea sinónimo de no sentir temor o de exagerar la temeridad. El hombre fuerte no es el que se expone alocadamente a toda clase de peligros, pues estaría valorando cualquier cosa como mejor que su integridad personal. No es valiente quien actúa por necedad, porque cuando nada se ama ni se valora, nada se teme. El valiente resiste, pero no de cualquier modo sino conforme a la razón y la fe.

No es fuerte quien se enfrenta a lo difícil como si no lo fuera, ya sea por inconsciente, por ignorante, por vanidoso, por confiar imprudentemente en sus propias fuerzas o por el impulso de actuar obedeciendo las pasiones más negativas y subordinando el mundo material al espiritual. Tampoco es más fuerte quien sufre más, sino el que se adhiere con más fuerza al bien.

La fortaleza sólo es virtud cuando se apoya en el conocimiento objetivo de las propias fuerzas y en consecuencia pide y confía en la fortaleza de Dios. Por eso, el valiente resiste, pero no de cualquier modo, sino conforme a la razón y la fe, sabedor de que hay sacrificios inútiles y, peor aún, acciones irresponsables que pueden producir un resultado totalmente contrario al bien esperado.

En el mundo actual, la búsqueda desmedida del bienestar y la seguridad material, el dinero, la fama o la popularidad o el poder (político, sexual, pecuniario, del narcotráfico, etcétera), se convierten en las formas generalizadas de procurarse el mayor bien de la "civilización": el placer egoísta, la diversión por cualquier medio, por efímera y costosa que sea. La fórmula hedonista "me gusta" o "no me gusta" desplaza el amor a Dios y el amor al prójimo como fin de la existencia.

Se trata de un hedonismo frívolo que relega el bien común en aras de la pura satisfacción de los deseos individuales inmediatos. Es una apuesta a un optimismo incondicional e infundado que rompe los valores de la lucha por mantener unida la familia, la paz y la convivencia social armónica y el equilibrio hombre-naturaleza.

Seguir esta inercia lleva a las personas a querer liberarse de la necesidad de luchar por una vida con trascendencia espiritual y, por tanto, a perder el sentido metafísico de la fortaleza para combatir el pecado (cuya gravedad sólo se puede captar por la fe).

El don y la virtud de la fortaleza del espíritu nos ayudan como sociedad y en lo personal a discernir lo bueno y lo malo, a vigorizar nuestra voluntad, a ser responsables de nosotros mismos y de los demás, a resistir lo que nos hace daño, a superar el caos moral y establecer una jerarquía de valores siguiendo el ejemplo de bondad y generosidad de Jesucristo, con respeto al orden natural, en donde el fin no justifique los medios, y en donde la salvación de nuestra propia alma y la de nuestros hermanos y hermanas sea la filosofía y la religión imperantes.

Las personas salvan al mundo cuando se esfuerzan para buscar el bien mediante el desarrollo de sus potencialidades y vocaciones naturales, con acciones concretas, pequeñas o grandes ("obras son amores") y al rechazar la pasividad ("ayúdate, que Dios te ayudará").

Junto a Dios no hay temor

Yahvé es mi luz y mi salvación,

¿a quién he de temer?

Yahvé, el refugio de mi vida,

¿por quién he de temblar?

Cuando se acercan contra mí los malhechores,

a devorar mi carne,

son ellos, mis adversarios y enemigos,

los que tropiezan y sucumben.

Aunque acampe contra mí un ejército,

mi corazón no teme;

aunque estalle una guerra contra mí,

estoy seguro en ella.

Una cosa he pedido a Yahvé,

una cosa estoy buscando:

morar en la Casa de Yahvé,

todos los días de mi vida,

para gustar la dulzura de Yahvé

y cuidar de su Templo.

Que Él me dará cobijo en su cabaña

en día de desdicha;

me esconderá en lo oculto de su tienda,

sobre una roca me levantará.

Y ahora se alza mi cabeza

sobre mis enemigos que me hostigan;

en su tienda voy a sacrificar sacrificios de aclamación.

Cantaré, salmodiaré a Yahvé.

Escucha, Yahvé, mi voz que clama,

¡tenme piedad, respóndeme!

Dice de ti mi corazón:

"Busca su rostro".

Sí, Yahvé, tu rostro busco;

No me ocultes tu rostro.

No rechaces con cólera a tu siervo;

tú eres mi auxilio.

No me abandones, no me dejes,

Dios de mi salvación.

Si mi padre y mi madre me abandonan,

Yahvé me acogerá.

Enséñame tu camino, Yahvé,

guíame por senda llana,

por causa de los que me asechan;

no me entregues al ansia de mis adversarios,

pues se han alzado contra mí falsos testigos,

que respiran violencia.

¡Ay, si estuviera seguro de ver la bondad de Yahvé

en la tierra de los vivos!

Espera en Yahvé, ten valor y firme corazón,

espera en Yahvé.

Salmo 27 (26)

La creatividad

En el principio creó Dios los cielos y la tierra. Y la tierra estaba sin orden y vacía.

Había tinieblas sobre la faz del océano, y el Espíritu de Dios se movía sobre la faz de las aguas.

Entonces dijo Dios: "Sea la luz", y fue la luz. Dios vio que la luz era buena, y separó Dios la luz de las tinieblas. Dios llamó a la luz Día y a las tinieblas llamó Noche. Y fue la tarde y fue la mañana del primer día.

Génesis 1: 1-5.

Dios quiere que encontremos el gozo y la felicidad en nuestras vidas. Pero a veces se requiere una gran creatividad para llevar a cabo lo que Él pide. Uno sabe que la creatividad significa no sólo poder pintar un cuadro o componer una ópera. En el sentido extenso de la palabra, creatividad es la respuesta a los cambios que ocurren en el mundo y en el interior de cada persona. Significa también adaptarse a las experiencias, buenas o malas, de la vida y aprender de ellas.

Dar un amoroso apoyo a los amigos o familiares, en momentos de apuro, puede hacernos tan creativos como cualquier escritor o pintor al crear una obra maestra. La vida, vista como un todo, puede ser una obra de arte. Pero la vena creativa corre el riesgo de secarse al caer en la rutina, al perder la energía necesaria para ver el mundo con ojos nuevos, al observar con envidia cómo otros logran el éxito o luchan por desarrollar sus cualidades al máximo. Quisiéramos ser más creativos y recuperar la energía productiva que alguna vez tuvimos pero, ¿por dónde comenzar?

El Génesis confiere una gran riqueza de reflexiones acerca del proceso creativo, reflexiones que podemos aplicar en nuestra vida. El Génesis nos dice que Dios creó el Universo de la nada y, al séptimo día, descansó. Pero, al seguir la lectura, nos encontramos con una sorpresa: el narrador comienza la historia una vez más.

Pero no es un error. El autor bíblico quiere decir con esto que, aunque Dios concluyó la fase inicial, el proceso de la creación no termina al sexto día. Continúa fuera y dentro de nosotros, y todos formamos parte del sorprendente proceso creativo.

La sensación de embotamiento y fastidio nos invade cuando no advertimos que la creación siempre está presente, y podemos comprobarlo cuando los niños juegan. Ellos son una fuente continua de innovación. Sus juegos y canciones parecen provenir de una infinita fuente de energía a la cual los adultos ya no tenemos acceso. Pero esa creatividad también está en nosotros, y sólo es necesario que nos abramos a ella. Muchas veces se piensa en la creación como en el acto de hacer surgir algo de la nada; pero ésta es una prerrogativa de Dios. Nuestra función consiste en mantener el contacto con el interminable movimiento que rige al Universo. De esa manera se establece la unión íntima con el Divino Creador.

Los artistas dicen que a menudo, al crear sus obras, la inspiración les llega de algún lugar fuera de ellos mismos. Como los niños, los artistas no se esfuerzan —no podrían hacer algo de la nada—. Por el contrario, se hacen a un lado —con sus temores y ansiedades— para que Dios pueda guiar sus poderes creativos. Ésta es la clave de la creatividad para todos.

La creatividad se sostiene en el deseo de ser pacientes, de escuchar y observar lo maravilloso de la obra maestra de Dios, la cual se despliega en cada momento de nuestras vidas. Cada día está lleno de nuevos sonidos, olores y visiones. Los pensamientos y sensaciones que surgen a cada momento nos ofrecen nuevas oportunidades de comprender y expresar lo que somos. Si nos detenemos a observar la complejidad de la vida, podremos romper con la rutina por el simple hecho de advertir cuan maravillosamente nuevo y diferente es cada instante.

La creatividad de Dios tiene su propia y especial forma de energía —un fluido de calidez y bondad que nos vivifica—. Es lo que sentimos en cada momento de felicidad. Dios desea que permanezcamos siempre abiertos a su gozo, como parte de su incesante creación.

Oración de la noche

Cuando te llamo a ti, tú me respondes,

¡oh mi Dios salvador!;

tú, que me has sostenido en mis angustias,

de mí ten compasión y escucha mi oración.

¿Hasta cuándo, varones, tendrán endurecido

el corazón? ¿Por qué aman el engaño

y persiguen corriendo lo que es falso?

Sepan que el Señor ejecutó maravillas conmigo,

él me atiende las veces que le invoco.

Tiriten de pavor, pero no pequen; en silencio mediten

en su lecho. Ofrezcan sacrificios al Señor como la ley

lo ordena, y confíen en él. Son muchos los que dicen:

"¿Cuándo, por fin, nos salvará de todo? ¡Muéstranos oh

Dios tu rostro alegre!" Tú alegras mucho más mi corazón

que cuando ellos se sienten rebosantes de tanto trigo y

vino cosechados. Me acuesto en paz, y enseguida me

duermo, porque Señor, tú solo me das seguridad.

Salmo 4

La esperanza

No queremos, hermanos, que ignoréis lo tocante a la suerte de los que se durmieron, para que no os aflijáis como los demás que carecen de esperanza.

Tesalonicenses 4: 13.

... pues hemos sabido de vuestra fe en Cristo Jesús, y de la caridad que tenéis hacia todos los santos por vuestra esperanza, depositada en los cielos.

Colosenses 1: 4-5.

Y ahora, ¿qué puedo esperar, Señor? Mi esperanza está en ti.

Salmos 39: 8.

Sólo en Dios se aquieta mi alma, pues de Él (viene) mi salvación.

Salmos 62 (61): 2.

Y la esperanza no quedará confundida, pues el amor de Dios se ha derramado en nuestros corazones por virtud del Espíritu Santo, que nos ha sido dado.

Romanos 5: 5.

Porque en esperanza estamos salvos; que la esperanza que se ve, ya no es esperanza. Porque lo que uno ve, ¿cómo esperarlo?; pero si esperamos lo que no vemos, en paciencia esperamos.

Romanos 8: 24-25.

Vivid alegres con la esperanza, pacientes en la tribulación, perseverantes en la oración.

Romanos 12: 12.

uando por algún motivo Dios nos envía alguna aflicción, estamos seguros de que también nos ha dado la capacidad de reponernos ante la adversidad. Piensa por un momento en las víctimas de algún desastre natural. Hace algunos años una gigantesca ola abatió las costas del sureste asiático, arrastrando con ella a cientos de personas que vacacionaban o que trabajaban en los centros turísticos llenos de visitantes. Lejos de allí, en algún país nórdico los padres y abuelos de una familia joven con niños observaban el televisor enterándose de la desgracia que había caído en aquellas tierras. Abatidos, permanecían observando las desgarradoras escenas mientras se disponían a emprender el largo viaje para arribar al lugar en donde sabían que podían haber estado sus seres queridos. ¿Qué los motivo a viajar? ¿Sería posible en aquella desolación encontrar a una sola persona? La tarea era enorme, en medio del caos, del dolor y la angustia, sin conocer el idioma local, ¿cómo podía una pareja de ancianos europeos encontrar a alguien? La respuesta está en la esperanza; con todo en contra, esta pareja mantenía la esperanza. Después de horas de mirar el televisor, súbitamente vieron la pequeña figura de un niño parecido a su nieto. Bastó ese instante para que la esperanza inundara sus corazones y partieran a tratar de encontrarlo.

¿Por qué tenemos esperanza? En el corazón de esas personas, en el tuyo y en el de todos los seres humanos Dios ha puesto la esperanza, que comparte el espacio con la caridad y con la fe. Cualquiera de ellas no podría existir sin la otra. No podríamos tener esperanza si no tuviéramos al mismo tiempo la confianza ciega en nuestro Dios, si no sintiéramos la certeza de la salvación en nuestra alma. Del mismo modo, no podríamos sentir compasión ni ayudar a los demás si nos dejáramos vencer por el abatimiento y la desesperación. A fin de cuentas la esperanza es la confiada espera en la salvación que Dios nos ha prometido. Sabemos que el mundo está lleno de pruebas, que Dios nos envía alegrías pero también penas.

Dios nos dio voluntad y capacidad de elección porque dispuso que la fe en la salvación y en la vida que nos prometió fuera verdadera. No puedes acercarte a Dios con duda, tampoco puedes sentir esperanza si dudas de que las cosas cambiarán. Cuando existe la duda se pierden la esperanza y la fe; nos invade la incertidumbre y nos llenamos de temor. ¿Quién siembra la duda en tu corazón? No es Dios; Él no puede dudar porque es la verdad absoluta. La duda es la perversa semilla del enemigo de los hombres. Al dudar dejamos de actuar, nos quedamos paralizados, aterrados y sólo esperamos la fatalidad.

Dios te dio la esperanza pero no para que te quedes quieto. La esperanza implica ponerse en acción, pues no puedes quedarte sentado a la expectativa. Tú tienes la mejor herramienta para resolver los problemas, para enfrentarte a la adversidad, pero la herramienta necesita ser manejada, nadie puede ponerse en marcha por nosotros, eres tú el que debe ponerse de pie, empreder el camino. Cuando te levantas, cuando abandonas la duda, empiezas a andar por la senda que Dios ha iluminado con amor y que transitas cargando en tu corazón la esperanza.

En la hora de prueba

Yo le imploro al Señor a grandes voces,
le suplico al Señor a grandes voces.

En su presencia expongo mi tristeza y coloco delante
de él mi angustia cuando llego a quedarme sin resuello;
pero tú bien conoces mi conducta.

Por donde yo pasaba pusieron una trampa.
Dirige a la derecha tu mirada
y ve cómo ninguno me conoce.

No hay para mí esperanza
ni hay quien tenga cuidado de mi vida.

A ti clamo, Señor, a ti te digo:
Tú eres mi protección, mi herencia
en esta tierra de los vivos.

Atiende a mi clamor, porque soy sumamente desgraciado.

Ponme a salvo de mis perseguidores,

que me ganan en fuerza.

Haz que salga con vida de la cárcel

y así pueda dar gracias a tu Nombre.

Me rodearán los justos al saber los favores que me has

hecho.

Salmo 142

Las emociones

EL PLAN DIVINO

Todas las cosas tienen su tiempo, todo lo que hay debajo del cielo pasa en el término que se le ha prescrito.

Hay tiempo de nacer y tiempo de morir; tiempo de plantar, y tiempo de arrancar lo plantado.

Tiempo de dar muerte, y tiempo de dar vida; tiempo de derribar, y tiempo de edificar.

Tiempo de llorar y tiempo de reír; tiempo de luto, y tiempo de gala.

Tiempo de esparcir piedras, y tiempo de recogerlas; tiempo de abrazar, y tiempo de alejarse de los abrazos.

Tiempo de ganar, y tiempo de perder; tiempo de conservar, y tiempo de arrojar.

Tiempo de rasgar, y tiempo de coser; tiempo de callar, y tiempo de hablar.

Tiempo de amor, y tiempo de odio; tiempo de guerra y tiempo de paz.

Y, ¿qué fruto saca el hombre de su trabajo?

He visto la pena que ha dado Dios a los hijos de los hombres, para su tormento.

Todas las cosas que hizo son buenas a su tiempo; y la idea de su permanencia puso en el alma de los hombres; de suerte que ninguno de ellos puede entender las obras que Dios creó desde el principio hasta el fin.

Y así he conocido que lo mejor de todo es estar alegre, y hacer buenas obras mientras vivimos.

Porque cualquier hombre que come y bebe, gozando del fruto de sus fatigas, de Dios recibe este don.

He visto que todas las cosas que ha criado Dios duran perpetuamente; ni podemos añadir ni quitar nada de lo que Dios hizo para ser temido.

Lo que fue hecho, eso mismo permanece; lo que ha de ser, ya fue, porque Dios renueva lo que pasó.

Eclesiastés 3: 1-15.

ios nos dio una enorme variedad de emociones para expresar una gran cantidad de sensaciones y sentimientos que nos conectan con
Él, con nuestros semejantes y con el mundo vivo que
nos rodea.

Jesucristo nos dejó las más grandes enseñanzas de fe, esperanza y caridad a través de su palabra, de sus actos y de
sus emociones. Como hombre, Jesús sintió el dolor, la compasión, la tristeza, la alegría, el amor a Dios y al prójimo, la
resignación, la paz y la tranquilidad. Comprendió con calidad humana y sobrenatural que estar vivos es tener sentimientos y pasiones que por su complejidad nos distinguen
del resto de los seres de la naturaleza. Y son las emociones
que compartimos con todos los seres humanos lo que nos
recuerda que todos somos hijos de Dios.

Compartir emociones sanas y espontáneas nos ayuda a
desterrar prejuicios, a estrechar lazos de amistad y nos da la
posibilidad de atesorar los momentos más hermosos de
la existencia con las personas que más conocemos y queremos. En la sabiduría infinita del libro del Eclesiastés, Salo-
món nos dice que hay "tiempo de llorar, y tiempo de reír;
tiempo de luto, y tiempo de gala" (Eclesiastés 3-4). Lo cierto
es que cada emoción tiene su tiempo.

Una persona psicológicamente equilibrada es la que sigue su conciencia y no teme a las emociones y reconoce que
son un regalo de Dios.

Sin embargo, la mayoría de la gente esconde sus emociones porque siente desconfianza y teme ser rechazada o herida en sus sentimientos. En muchas ocasiones en la adolescencia y juventud, por soledad y falta de madurez, chicos y chicas alteran su estado anímico con drogas y se hacen una nube de confusiones emocionales para no sentir. Pero para desarrollar la habilidad de mostrar las emociones auténticas, debemos tener clara nuestra causa en la vida, y Dios nos ayuda a encontrarla, aunque nos equivoquemos.

El propósito que le demos a nuestro camino por la vida, siguiendo las virtudes y valores que nos legó Jesucristo, nos permitirá enfrentar cualquier obstáculo con serenidad, con paz interior, con alegría y madurez, pues como dice el Eclesiastés: "lo mejor de todo es estar alegre, y hacer buenas obras mientras vivimos". De esta manera conoceremos el gozo mayor: el gozo de la salvación.

Para hacer buenas obras, nuestra mente debe estar enfocada a servir a los demás, a construir juntos un mundo mejor con consideración y amor. Si nuestras emociones son positivas, un halo protector nos alejará de personas y experiencias destructivas, de vicios, de actos ilícitos e inmorales. El apóstol Pablo en la Epístola a los Filipenses (4: 8), escribió al respecto: "Por lo demás, hermanos, todo cuanto hay de verdadero, de noble, de justo, de puro, de amable, de honorable, todo cuanto sea virtud y cosa digna de elogio, todo eso tenedlo en cuenta".

Las emociones dolorosas lo son aún más cuando provienen del odio o del rencor, cuando hay una transgresión a la ley sagrada del Señor, lo que es, ni más ni menos, el pecado. Asimismo, hay golpes en la vida que pueden ser tan fuertes que se convierten en incomprensibles. Sin embargo, nuestras emociones se empiezan a acomodar, a darle un sentido al sufrimiento en la medida en que tenemos fe y recibimos el don de la fortaleza como resultado de haber llevado una vida recta, de esperanza y amor. Son estas emociones positivas las que contrarrestan las emociones negativas de angustia, aflicción o venganza. Por eso la felicidad no es un ídolo, tal como lo proponen las sociedades modernas que ponen en el centro de los valores a la felicidad individual y relegan el amor a Dios y a nuestros semejantes.

Somos felices cuando alcanzamos un equilibrio emotivo, cuando poseemos la capacidad de discernir lo bueno y lo malo y, como lo señala el Eclesiastés, sabiendo que tenemos que aprender a vivir lo mejor que podamos cada uno de los tiempos en nuestro paso por el mundo.

Si queremos experimentar la alegría y la felicidad y desterrar lo más posible la tristeza y el dolor, necesitamos entender el propósito de Dios para nuestras vidas. Y esto se logra si cumplimos el mandamiento: "Amarás a tu prójimo como a ti mismo". Quien así ama, permitirá que Dios more en su corazón y su alma será feliz.

Salmo de David.
El camino del justo y del impío

No te impacientes a causa de los malignos,

Ni tengas envidia de los que hacen iniquidad.

Porque como hierba serán pronto cortados,

y como la hierba verde se secarán.

Confía en Yahvé, y haz el bien;

y habitarás en la tierra, y te apacentarás de la verdad.

Deléitate asimismo en Yahvé,

y él te concederá las peticiones de tu corazón.

Encomienda a Yahvé tu camino,

y confía en él; y él hará.

Exhibirá tu justicia como la luz,

y tu derecho como el mediodía.

Guarda silencio ante Yahvé, y espera en él.

No te alteres con motivo del que prospera en su camino,

Por el hombre que hace maldades.

Deja la ira, y desecha el enojo;

No te excites en manera alguna a hacer lo malo.

Porque los malignos serán destruidos,

pero los que esperan en Yahvé,

ellos heredarán la tierra.

Pues de aquí a poco no existirá el malo;

observarás su lugar, y no estará allí.

Pero los mansos heredarán la tierra,

y se recrearán con abundancia de paz.

Maquina el impío contra el justo,

y cruje contra él sus dientes;

el Señor se reirá de él;

porque ve que viene su día.

Los impíos desenvainan espada y tensan su arco,

para derribar al pobre y al menesteroso,

para matar a los de recto proceder.

Su espada entrará en su mismo corazón,

y su arco será quebrado.

Mejor es lo poco del justo,

que las riquezas de muchos pecadores.

Porque los brazos de los impíos serán quebrados;

mas el que sostiene a los justos es Yahvé.

Conoce Yahvé los días de los perfectos,

y la heredad de ellos será para siempre.

No serán avergonzados en el mal tiempo,

y en los días de hambre serán saciados.

Mas los impíos perecerán,

y los enemigos de Yahvé como la grasa de los carneros

serán consumidos; se disiparán como el humo.

El impío toma prestado, y no paga;

mas el justo tiene misericordia, y da.

Porque los benditos de él heredarán la tierra;

y los malditos de él serán destruidos.

Por Yahvé son ordenados los pasos del hombre,

y él aprueba su camino.

Cuando el hombre cayere, no quedará postrado,

porque Yahvé sostiene su mano.

Joven fui, y he envejecido,

y no he visto justo desamparado,

ni su descendencia que mendigue pan.

En todo tiempo tiene misericordia, y presta;

y su descendencia es para bendición.

Apártate del mal, y haz el bien,

y vivirás para siempre.

Porque Yahvé ama la rectitud,

y no desampara a sus santos.

Para siempre serán guardados;

mas la descendencia de los impíos será destruida.

Los justos heredarán la tierra,

y vivirán para siempre sobre ella.

La boca del justo habla sabiduría,

y su lengua habla justicia.

La ley de su Dios está en su corazón;

por tanto, sus pies no resbalarán.

Acecha el impío al justo,

y procura matarlo.

Yahvé no lo dejará en sus manos,

ni lo condenará cuando le juzgaren.

Espera en Yahvé, y guarda su camino,

y él te exaltará para heredar la tierra;

cuando sean destruidos los pecadores, lo verás.

Vi yo al impío sumamente enaltecido,

y que se extendía como laurel verde.

Pero él pasó, y he aquí ya no estaba;

lo busqué, y no fue hallado.

Considera al íntegro, y mira al justo;

porque hay un final dichoso para el hombre de paz.

Mas los transgresores serán todos a una destruidos;

la posteridad de los impíos será extinguida.

Pero la salvación de los justos es de Yahvé,

y él es su fortaleza en el tiempo de la angustia.

Yahvé los ayudará y los librará;

los libertará de los impíos, y los salvará,

por cuanto en él esperaron.

Salmo 37 (36)

La oración

Y cuando ores, no seas como los hipócritas; porque ellos aman el orar en pie en las sinagogas y en las esquinas de las calles, para ser vistos de los hombres; de cierto os digo que ya tienen su recompensa.

Mas tú, cuando ores, entra en tu aposento, y cerrada la puerta, ora a tu Padre que está en secreto; y tu Padre que ve en lo secreto te recompensará en público.

Y orando no uséis vanas repeticiones, como los gentiles, que piensan que por su palabrería serán oídos.

No os hagáis, pues, semejantes a ellos; porque vuestro Padre sabe de qué cosas tenéis necesidad, antes de que vosotros le pidáis.

La oración es una cosa sumamente poderosa. Dios nos manda que la practiquemos con toda fe, no de manera rutinaria ni convencional.

La oración es la manera que nos ha sido dada para que cada uno de nosotros hable con Él y por ende no puede ser juego ni mera costumbre. Cuando oremos, debemos hacerlo, ante todo, con humildad, pues nos dirigimos a nuestro Creador, con confianza, pues su Divina Providencia siempre nos socorrerá, y con gratitud, por todo la que Su Voluntad ya nos ha otorgado.

De esta manera se cumplirá, con toda certeza, la promesa de Jesús: "Pedid, y se os dará; buscad, y hallaréis; llamad, y se os abrirá" (Lucas 11: 9). Porque Dios no deja de atender todas y cada una de las oraciones que le dirigimos.

Mucha gente considera esto como una especie de recurso mágico. No, la oración no es magia, es algo mucho más profundo y poderoso.

Dichas personas muchas veces oran para solicitar cosas superficiales o superfluas. O para pedirle a Dios que haga el trabajo que les corresponde a ellas. O incluso, con sentimientos negativos, como la venganza.

Esas personas son como los gentiles y oran sin fe. Así, aunque utilicen las palabras usuales, sus plegarias no llegan a Él. Pero ciegas ante su propio error, en lugar de reconocerlo, se sienten decepcionadas.

En ocasiones podemos ser como niños caprichosos que consideran injusto que no se les otorguen todas sus exigencias. Pero si oramos con humildad estaremos dispuestos a examinar qué tan auténticas son nuestras peticiones y a aceptar una respuesta que no sea exactamente en la que estamos pensando. Porque Dios sabe mejor que nosotros mismos lo que realmente necesitamos y es vano tratar de engañarlo; sólo logramos engañarnos a nosotros mismos.

También es vano esperar maravillas y portentos como respuesta a nuestras oraciones. Por supuesto que Su Voluntad es capaz de obrar cualquier milagro y de hecho el mayor de ellos es la Creación misma, el Universo en que vivimos. Y por tanto, las leyes que lo rigen, que también son su obra.

Así que Dios suele operar gracias a dichas leyes en millones de milagros cotidianos, aunque seamos incapaces de verlos como tales. Sólo en ocasiones excepcionales el Señor se manifiesta en eventos que a los hombres nos llenan de maravilla.

De tal modo Su Providencia generalmente nos es otorgada, en respuesta a nuestras plegarias, mediante acontecimientos que parecen casuales o mediante mecanismos que nos resultan absolutamente familiares, como la medicina. Y por ello debemos estar tan agradecidos como si hubiéramos sido testigos de un portento.

En otras ocasiones, el milagro se opera dentro de nosotros mismos. Nuestro Padre, dice la Biblia, no sólo sabe cuáles son nuestras necesidades, sino que las conoce antes de que nosotros mismos pidamos su ayuda para aliviarlas. ¿Qué quiere decir esto? Que en innumerables oportunidades él ya proveyó la solución a nuestros problemas incluso antes de que recurramos a las plegarias.

Simplemente pasa que la desesperación no nos deja verla. Entonces, la paz y la lucidez que provienen de la oración nos proporcionan el estado espiritual adecuado para percibir dicha solución y llevarla a la práctica.

También hay muchas personas que se pierden esta trascendental experiencia de ser oídos y atendidos por nuestro Padre porque, nunca está de más insistir, les falta la fe. Cumplen puntualmente los sacramentos y oran en todo momento y en todo lugar, pero no lo hacen para Dios, sino para ser vistos y tenidos en aprecio por sus hermanos.

Su fama de personas piadosas es lo único que obtienen, algo incomparablemente menor que el poder de la verdadera oración.

El fundamento de todo

Mi alma se alegra en el Señor, en Dios me siento llena

de fuerza, ahora puedo responder a mis enemigos,

pues me siento feliz con tu auxilio.

Sólo el Señor es Santo, pues nada hay fuera de Ti,

no hay roca tan firme como nuestro Dios.

No digan tantas palabras altaneras,

ni salga de su boca la arrogancia, porque el Señor es un

Dios que lo sabe todo, él juzga las acciones de todos.

El arco de los fuertes se ha quebrado,

y los débiles se han hecho fuertes.

Los que estaban satisfechos van a trabajar por un pedazo

de pan, mientras que los débiles descansan.

La mujer estéril da a luz siete veces; pero se marchita

la madre de muchos hijos.

Dios es quien da muerte y da vida, quien hace bajar al
lugar de los muertos y volver a la vida.
Dios da y quita riquezas, humilla y ensalza.

Levanta del polvo al desvalido y, de la mugre,
saca al pobre para que pueda sentarse con los grandes
y ocupar un lugar de privilegio. Dios ha hecho los pilares
de la tierra y sobre ellos ha puesto el Universo.

Él guía los pasos de sus fieles y los malos desaparecen
en las tinieblas, los fuertes no son ya los vencedores.
Dios humilla a sus contrarios; él sube a los cielos
y truena para juzgar al orbe entero.

Él fortalece a su rey
haciendo sobresalir a su Elegido.

1 Samuel 2

La alegría

Majestad y magnificencia sean ante Él, fortaleza y belleza en su morada.

1 Crónicas 16: 27.

Sacrificáronse aquel día muchas víctimas y se hicieron grandes regocijos, porque había dado Dios al pueblo un gran motivo de alegría. Regocijáronse también las mujeres y los muchachos, oyéndose de lejos el alborozo de Jerusalén.

Nehemías 12: 43.

Tú me enseñarás el sendero de la vida, la hartura de la alegría ante ti, las delicias a tu diestra para siempre.

Salmos 16 (15): 11.

Ya alumbra la luz para el justo, y la alegría para los rectos de corazón.

Salmos 97 (96):11.

La risa contagiosa de un niño es la mayor expresión de alegría que conocemos. Al darnos Dios la capacidad de alegrarnos, de regocijarnos y reír en compañía de nuestros seres queridos nos recuerda la promesa de salvación que ha hecho. La alegría nos inunda pues sabemos que Dios está de nuestro lado y que, llegado el momento, nos llevará a un mundo sin penas, un mundo en donde reine la alegría. Dios es la fuente de toda la alegría. La risa es la expresión de esa alegría cuando dejas que tu corazón se inunde de gozo y esperanza. Si vives en la esperanza de la alegría eterna que nos ha sido prometida, nada oscurecerá tu corazón.

El mundo que vivimos está lleno de pequeños tropiezos, se hace tarde para salir de casa, no alcanzó el dinero para todo lo que teníamos planeado, tuvimos un pequeño disgusto con algún ser querido, o sufrimos la reprimenda de nuestro jefe o de algún maestro. En ocasiones, nos dejamos llevar por esos pequeños incidentes, nos quedamos molestos todo el día porque salimos tarde de casa. ¿Te has preguntado alguna vez qué pasaría si en lugar de sentirte vencido por lo imprevisto te lo tomas con sentido del humor? Prueba, antes de perder la risa, antes de dejarte llevar por el enojo, detente y ve el lado positivo de la situación. Si saliste tarde de casa porque tu pequeño se empeñaba en atar las agujetas de su zapato, no lo reprendas, no pierdas la paciencia, alégrate pues está aprendiendo algo. Si recibes o das todo con alegría verás cómo, al final del día, te sientes más cerca de Dios.

Es verdad que en ocasiones la vida se nos presenta como una pesada carga de responsabilidades que exigen toda nuestra atención. Cuando estamos sumamente concentrados y alguien interrumpe nuestra labor para hacer un comentario o incluso una broma, nos disgustamos. Pregúntate ¿a quién le hace daño un momento de distracción? Recuerda que incluso Dios descansó el séptimo día de la creación y se detuvo a contemplar su obra alegrándose de ella. Nosotros debemos seguir su ejemplo. Recuerda todos los días que la vida es una aventura permanente hacia la salvación, que Dios nos ha dado la capacidad de vivir conforme al amor, de vivir alegres.

Todos nos hemos sentido alguna vez amargados, perdemos la alegría cuando no conseguimos lo que nos habíamos propuesto. Llenamos de justificaciones nuestra amargura, a veces culpamos a los demás, otras veces a nosotros mismos, de nuestras carencias o de nuestros errores. Es entonces que perdemos de vista lo que sí hemos conseguido, quizá no tenemos el trabajo que más nos guste, pero tenemos un trabajo, no obtuvimos la calificación que esperábamos, o fuimos víctimas de alguna injusticia. Perdemos de vista que la vida es un largo camino de superación, que los errores, los fracasos o las pérdidas están allí para que aprendamos de ellos. De nuestra capacidad de recuperación depende el poder enfrentar los nuevos retos, y de éstos dependen las satisfacciones que nos alegrarán mañana.

Cuando perdemos la alegría, perdemos a Dios, pues nos dejamos llevar por la desesperación y la desesperanza. Recuerda que la amargura conduce al odio y el odio es la fuente de todo el mal. Si no valoras lo que tienes, si no ves tu vida con ojos alegres, entonces volteas hacia los demás con envidia, empiezas a codiciar lo que no has alcanzado, tu corazón se abate; cuando esto ocurre la puerta de entrada al enemigo de Dios está abierta.

Debes recuperar la inocencia que provoca la risa de un niño, el regocijo ante los pequeños y grandes dones de la vida. Despertar cada mañana agradeciendo a Dios por los dones que te ha hecho, reconocerlo en cada instante, en cada detalle de la Creación. La enseñanza de Dios es clara, no debes dejarte llevar por el abatimiento y debes enfrentar cada día con la plena certidumbre de que la alegría está en ti y de que llegará el día en que no se aparte del mundo.

Sed de Dios

Como anhela la cierva estar junto al arroyo,
así mi alma desea estar contigo, Señor.

Sediento estoy de Dios que me da vida,
¿cuándo iré a contemplar el rostro del Señor?

Lágrimas son mi pan noche y día,
cuando oigo que me dicen: "¿Dónde quedó tu Dios?"

Yo me acuerdo y mi alma dentro de mí se muere por ir
hasta tu templo, a tu casa, mi Dios, entre vivas
y cantos de la multitud feliz.

Quiera Dios dar su gracia en la hora del día; yo cantaré
de noche al Dios que me da vida.

Salmo 42

El arrepentimiento

Te compadeces de todos porque todo lo puedes y disimulas los pecados de los hombres para que se arrepientan.

Sabiduría 11: 23.

Por mi vida, oráculo del Señor Yahvé, que yo no me complazco en la muerte del malvado, sino en que el malvado se convierta de su conducta y viva.

Ezequiel 33: 11-20.

Os digo que habrá más alegría en el cielo por un solo pecador que se convierta que por noventa y nueve justos que no tengan necesidad de conversión.

Lucas 15: 7.

Si tu hermano peca, repréndele; y si se arrepiente, perdónale. Y si peca contra ti siete veces al día, y siete veces se vuelve a ti, diciendo: "Me arrepiento", le perdonarás.

Lucas 17: 3.

Acuérdate, por tanto, de cómo recibiste y oíste mi Palabra: guárdala y arrepiéntete. Porque, si no estás en vela, vendré como ladrón, y no sabrás a qué hora vendré sobre ti.

Apocalipsis 3: 3.

Arrepentíos, pues, y convertíos, para que vuestros pecados sean borrados.

Hechos de los Apóstoles 3: 19.

El arrepentimiento es el dolor de haber ofendido a Dios. Es el pesar que experimenta la persona cuando asume que ha cometido un error lo que la lleva a sentir distintas emociones, tales como la culpa, la vergüenza o el remordimiento. Estos sentimientos pueden ser algo pasajero y sin mayores consecuencias o pueden llevar al extremo de provocar el suicidio del arrepentido.

En la Biblia, la palabra arrepentimiento significa que el dolor por todo el mal hecho, conduce a un cambio de la mentalidad y las actitudes del pecador como condición para poder volver a actuar correctamente, conforme a los mandamientos de Dios, y ganar la salvación del alma. El arrepentimiento bíblico implica pasar de la mentalidad del rechazo a Cristo a la fe en Cristo. Dios no quiere la muerte del pecador sino que se convierta y viva. En el Nuevo Testamento, Jesús habla del recibimiento privilegiado que Dios reserva a los que se arrepienten.

Volverse del pecado no es la definición del arrepentimiento, pero es uno de los resultados de la fe genuina.

El arrepentimiento es algo que da Dios, ya que éste sólo es posible por su gracia. No puede ser de otra manera, ya que el arrepentimiento no puede medirse. Esto es, no hay forma de asegurarse de que sea auténtico. Tampoco es un acto que garantice la salvación sino que se ve acompañado de las buenas obras. En la Biblia, el arrepentimiento resulta en un cambio de conducta y por eso Juan el Bautista exhortaba a la gente: "Dad, pues, frutos de conversión y no creáis que basta con decir en vuestro interior" (Mateo 3: 8).

No queriendo que ninguno perezca, es la paciencia del Señor la que nos permite arrepentirnos y convertirnos a su causa (2 Pedro 3: 9). Jesús nos enseñó que siempre hay esperanza para quien se arrepiente de sus malas acciones. Siempre hay una salida de amor y misericordia a su desesperación.

Entre las enseñanzas de Jesucristo durante su ministerio terrenal, encontramos estas advertencias: "El tiempo se ha cumplido y el Reino de Dios está cerca; convertíos y creed en la Buena Nueva" (Evangelio según San Marcos 1: 15), y: "Si no os convertís, todos pereceréis del mismo modo" (Lucas 13: 3).

Arrepentirse es requisito previo al perdón. Cuando los pecadores admiten que no actuaron bien, sienten remordimiento y llegan a la confesión sincera de sus pecados, no a una mera admisión de culpa, entonces los pasos siguientes son la reparación del daño causado, siempre que ello sea posible, tomar la determinación de mejorarse espiritualmente y no caer otra vez en las tentaciones y en el pecado.

Ante Dios, el pecador que se arrepiente y continúa libre de pecado puede recibir un perdón total. Isaías dijo del alma arrepentida: "Así fueren vuestros pecados como la grana, cual la nieve blanquearán. Y así fueren rojos como el carmesí, cual la lana quedarán" (Isaías 1: 18).

Con frecuencia, las personas no sienten la imperiosa necesidad de arrepentirse. Consideran que sólo tratan de ser buenas y que carecen de malos propósitos. Sin embargo, olvidan sus pecados de comisión y de omisión, y que es sólo por medio de la palabra de Jesús como podrán cambiar su conducta, pensamientos y hábitos que moldean su carácter.

La verdadera sanación del arrepentimiento proviene de hacernos cargo de nuestros propios problemas sin echar culpas a los demás, de dejar de hacernos las víctimas y de asumir la propia responsabilidad sobre los resultados negativos de nuestras acciones.

Finalmente, el arrepentimiento debe brotar del corazón, sede de las intenciones profundas del hombre. Sin embargo, es preciso vivir los actos penitenciales también juntamente con los miembros de la comunidad.

Miserere

Tenme piedad, oh Dios, según tu amor,

por tu inmensa ternura borra mi delito,

lávame a fondo de mi culpa,

y de mi pecado purifícame.

Pues mi delito yo lo conozco,

mi pecado sin cesar está ante mí;

contra ti, contra ti solo he pecado,

lo malo a tus ojos cometí.

Por que aparezca la justicia cuando hablas

y tu victoria cuando juzgas.

Mira que en culpa ya nací

pecador me concibió mi madre.

Mas tú amas la verdad en lo íntimo del ser,

y en lo secreto me enseñas la sabiduría.

Rocíame con el hisopo, y seré limpio,

lávame, y quedaré más blanco que la nieve.

Devuélveme el son del gozo y la alegría,

exulten los huesos que machacaste tú.

Retira tu faz de mis pecados,

borra todas mis culpas.

Crea en mí, oh Dios, un puro corazón,

un espíritu firme dentro de mí renueva;

no me rechaces lejos de tu rostro,

no retires de mí tu santo espíritu.

Vuélveme la alegría de tu salvación

y en espíritu generoso afiánzame;

enseñaré a los rebeldes tu camnio,

y los pecadores volverán a ti.

Líbrame de la sangre, Dios, Dios de mi salvación,

y aclamará mi lengua tu justicia;

abre, Señor, mis labios,

y publicará mi boca tu alabanza.

Pues no te agrada el sacrificio,

si ofrezco un holocausto no lo aceptas.

El sacrificio a Dios es un espíritu contrito;

un corazón contrito y humillado, oh Dios,

no lo desprecies.

¡Favorece a Sion en tu benevolencia,

reconstruye las murallas de Jerusalén!

Entonces te agradarán los sacrificios justos,

—holocaustos y oblación entera—

se ofrecerán entonces sobre tu altar novillos.

Salmo 51 (50)

Nuestro entorno

A todos nos afectan
los grandes males sociales y ecológicos,
ponga su granito de arena para afrontarlos

La sociedad humana

Más valen dos que uno solo, porque logran mejor fruto de su trabajo. Si uno cae, el otro le levanta; pero ¡hay del solo que si cae no tiene quién lo levante!

Eclesiastés 3: 9.

Seis cosas aborrece Dios:
Ojos altaneros, lengua mentirosa, manos que derraman sangre inocente.
Corazón que trama iniquidades, pies que corren presurosos al mal.
Testigo falso, que difunde calumnias y enciende rencores entre hermanos.

Proverbios 6: 16-19.

Qué estrecha es la puerta y que angosta es la senda que lleva a la vida, y cuán pocos los que dan con ella.

Mateo 7: 13.

ucho tiempo hace que Dios puso a los hombres en esta tierra; fuimos expulsados del jardín del Edén a causa de la soberbia, pues al querer ser como Dios, al querer conocer el bien y el mal, pecamos. A partir de entonces debemos vivir en esta tierra, trabajar, ganarnos el pan, enfrentarnos a la muerte. Desde aquel momento, estamos en espera del día final. Pero Dios no abandonó a su pueblo, le prometió la vida eterna, le prometió una tierra de armonía y de bendiciones. Dios es un Dios de amor, en su sabiduría ha dispuesto que su plan se realice a través de la armonía, de la concordia que une a los hombres unos con otros, es por esa razón que los hombres vivían en sociedad. Sólo viviendo juntos, en armonía, los humanos pueden acercarse a Dios; sólo en sociedad pueden realizar el mandato divino de amarse los unos a los otros.

El tiempo ha transcurrido, la historia se ha hecho muy compleja y la sociedad en la que vivimos también lo es. Hoy en día nuestro ser parece extraviarse en un mundo habitado por millones de seres; la sociedad de masas nos devora, nos exige. Es una sociedad llena de tentaciones que nos coloca todo el tiempo ante la balanza, ¿qué debemos hacer?, ¿cómo actuar?, ¿cómo responder sin apartarnos de nuestra fe, siguiendo el camino que Dios ha trazado? La sociedad está dividida, el mal está presente en todos lados, nos tienta o nos hace víctimas de su atrocidad. El mal que habita y que parece reinar en la sociedad moderna nos muestra falsos caminos, senderos que prometen bienestar: drogas, alcohol, bienes materiales, comida en exceso, diversiones desenfrenadas; aquello que aparentemente nos satisface, pero que, lo sabemos, sólo aleja nuestra atención del verdadero bienestar que es la búsqueda de Dios, nuestra eventual unión con Él. Para vivir en este mundo, Dios nos ha dado un presente invaluable, nos ha regalado el don de la conciencia. Cotidianamente, tenemos que decidir entre una cosa u otra, desde lo más simple, hasta lo más complejo. Dios nos coloca ante esta disyuntiva cotidiana, decidir afecta a los demás y a nosotros mismos, nuestras decisiones repercuten, incluso como granos de arena, en la sociedad en que vivimos. Cuando actuamos, utilizando la conciencia recta que Dios nos ha dado, estamos tranquilos, quizá no tenemos aquello que deseábamos con ansia, pero sí sabemos que no hicimos mal, que actuamos en comunidad con Dios y su palabra.

La Biblia nos dice cómo desenvolvernos en sociedad. En forma permanente Dios nos aclara el camino, pero muchas veces nos confundimos, son tantas las alternativas. Cuando esto ocurre, cuando no sabemos si actuamos bien o mal, debemos recordar las palabras de Dios expresadas en el libro de los Proverbios, fuente inagotable de preceptos que nos guían paso a paso, casi como a los niños inocentes. Si consideramos lo que a Dios no le place, podemos tener la conciencia tranquila sabiendo que actuamos bien. Cuántas verdades expresadas en tan pocas líneas. No es difícil percatarnos de que los males que aquejan a la sociedad en la que vivimos se derivan de no haber considerado aquello que disgusta a Dios. La mentira, la iniquidad, la violencia, el vicio, este correr presuroso hacia el mal, son todas ellas situaciones que nos agobian día con día.

Para fortuna nuestra, existe el lado positivo, el camino del bien, el que podemos conocer al abrir las páginas de nuestra

Biblia. La Epístola a los Romanos a través de la historia de Israel nos dice cómo Dios se disgustó con la mayoría de su pueblo, mostrándo así, cómo no debemos codiciar lo malo "como lo codiciaron ellos" (Romanos 10: 5).

"Apártate de tus enemigos y guárdare de tus amigos": dice el Eclesiástico 6: 13. Enseñanza que debemos aplicar día con día para guiarnos en la sociedad. Si Dios nos colocó en ella, existe una poderosa razón, la de buscar el bien en comunidad ya que cuando estamos solos, estamos a merced del mal, en cambio, cuando nos rodeamos de quienes comparten la búsqueda de la sabiduría, estamos más seguros. Debemos acercarnos a aquellos que son nuestros iguales, a quienes se apartan del mal, a los que buscan la verdadera felicidad. Debemos sumarnos a la parte de la sociedad que busca el bien. No es, sin embargo, tarea fácil; la labor exige preguntar constantemente si estamos actuando de acuerdo con Dios.

A través del Hijo de Dios y de su invaluable enseñanza sabemos que el amor es la respuesta. El que se deje guiar por el amor a Dios primero y al prójimo después, no se aparta ya de la senda de la verdad. Pero hay también otras exigencias, es el amor a los demás el que nos obliga a mostrar a otros el camino del que se han apartado. El cómo es decisión de cada uno. El ejemplo es sin duda una buena vía para atraer a los demás. Apartándonos de la presunción, podemos mostrar a los demás que no hay mejor vida que la vida que busca a Dios y que sigue su mandato.

Oración
de agradecimiento

Qué amables son tus moradas,
Señor, Dios de los cielos.

Mi alma suspira y sufre por estar en tus atrios,
mi corazón y mi carne lanzan gritos con anhelo
de ver al Dios viviente.

Hasta el pajarito encuentra casa,
y la alondra un nido donde poner sus polluelos
cerca de tus altares, Dios de los ejércitos,
mi Rey y mi Dios.

Felices los que habitan en tu casa
y te alaban sin cesar.
Dichosos los que en ti encuentran sus fuerzas.

Dios es nuestra defensa y fortaleza,

él da perdón y gloria.

Dios no les privará de ser felices a todos los que marchan

rectamente. Señor, Dios de los cielos,

¡feliz el que en ti pone su confianza!

Salmo 84

La naturaleza

Hiervan de animales las aguas y vuelen sobre la tierra aves bajo el firmamento de los cielos. Y así fue. Y creó Dios los grandes monstruos del agua y todos los animales que bullen en ella, según su especie, y todas las aves aladas, según su especie. Y vio Dios ser bueno y los bendijo.

Génesis 1: 20-23.

Los cielos pregonanan la Gloria de Dios/ y el firmamento anuncia la gloria de sus manos.

Salmos 19: 2.

Hagamos al hombre a nuestra imagen y a nuestra semejanza, para que domine sobre los peces del mar, sobre las aves del cielo, sobre los ganados y sobre todas las bestias de la tierra y sobre cuantos animales se mueven sobre ella.

Génesis 1: 26.

A diario nos regocijamos ante el luminoso amanecer, los cálidos rayos del sol que se entrometen por las rendijas de nuestra ventana, las incansables aguas del mar azul en las que se refleja la luna, bosques verdes o praderas floridas, la certeza de la presencia de Dios nos embarga y nos infunde ánimo. El cielo que vemos, el agua que bebemos, el aire que respiramos, todo obra de un maravilloso creador, todo emanado de Su voluntad. La naturaleza, el mundo animado e inanimado y nosotros mismos somos obra del señor; la Creación palpita a nuestro alrededor y en nosotros mismos. Nada escapa, a dondequiera que volvamos la mirada sólo contemplamos criaturas divinas. El mundo creado por Dios refleja y celebra Su gloria.

Equivocadamente pensamos que la naturaleza y nosotros somos diferentes, quizá por esa razón olvidamos que el mundo al que llamamos naturaleza, es la creación misma, olvidándonos que los seres humanos somos parte de esa creación. Dios creó primero el mundo y sólo cuando hubo terminado con él, creó al hombre y le dio la responsabilidad de dominarlo.

Qué honor y cuán enorme trabajo le dio Dios a la más perfecta de sus criaturas: crecer en el mundo, cuidarlo, habitar en él en espera del final de los tiempos; porque como la vida misma, este mundo es transitorio, tuvo un principio pero se dirige a un final, al día en que se acaben los tiempos y se realice el Reino de Dios.

Con lástima vemos cuán mal ha respondido la humanidad a la voluntad de Dios, como sus seguidores que somos debemos preguntarnos qué hacemos todos los días para cuidar, para no dañar la obra de Dios; pues dominar el mundo no significa ser sus dueños, la Creación no es nuestra propiedad, como la vida misma sólo la tenemos prestada. No podemos simplemente desechar la creación, contaminarla, aniquilarla.

Pero ¿por qué el mundo está tan deteriorado, por qué el aire ya no es transparente, las aguas son cada día más turbias, por qué se acaban los bosques? Sin duda hemos abusado, y este abuso tiene un origen, el mal mismo, que se hizo presente en el momento de la caída. El mal que persigue incansable y envidiosamente a Dios quiere adueñarse de toda su creación, pero no para perfeccionarla, sino para destruirla.

Porque desde que Dios nos expulsó del Edén en castigo por nuestra soberbia, el mundo se convirtió también en la morada del mal. Antes de la caída, todo era armonía, pero después de ella el mundo quedó dividido. Debemos decidir de qué lado estamos. Nuestra responsabilidad es inmensa, Dios nos permite decidir, nos enseña el camino del bien con sus sabias palabras, pero somos nosotros, cada uno de nosotros los que decidimos comenzar la restauración de la armonía perdida. ¿Cómo podemos lograrlo? ¿qué hacer para no maltratar la morada que Dios creó para nosotros? La respuesta, como todo, está en la Biblia. Ella nos enseña que el mundo es un todo unido a Dios por medio de su cabeza que es el hombre; pero el hombre, libre, es el que decide. La libertad que Él nos dio debemos utilizarla no para oponernos a Dios, sino para ponernos a su servicio. No podemos existir sin Él, tampoco es posible existir sin su creación.

La naturaleza, la creación está en peligro, nosotros la hemos puesto en peligro, cada vez que, sin pensarlo, arrojamos nuestros desechos, cada vez que desperdiciamos sus dones, atentamos no sólo contra nosotros mismos, sino en contra de Dios.

Dios, por medio de su hijo nos enseñó el camino de la redención, estar con el Hijo es también tomar conciencia en Él, al hacerlo, nos convertimos en criaturas nuevas, llenas de esperanza, de amor. El principio de la renovación del mundo está en nostros mismos. Es necesario que como parte del pueblo de Dios, permitamos que Él habite en nuestros corazones, dejemos que la luz que de Él emana ilumine nuestra relación con el entorno, con la naturaleza, que es al fin, la creación de la cual no debemos desprendernos.

Al fin, debemos recordar que Dios nos envía señales permanentes del pacto que hizo con su pueblo, estas señales están en la naturaleza, pensemos en un hermoso arco iris cada vez que nos sintamos lejos de estas verdades. "Ved aquí la señal del pacto que establezco entre mí y vosotros, y cuantos vivientes están con vosotros, por generaciones sempiternas pongo mi arco en las nubes para señal de mi pacto con la tierra, y cuando cubriere yo de nubes la tierra aparecerá el arco y me acordaré de mi pacto con vosotros y con todo viviente…" (Génesis 9: 13-15).

La naturaleza nos sirve para elevarnos a Dios, al respetarla, lo respetamos y adoramos a Él.

Del Señor es la Tierra

Del Señor es la tierra y lo que contiene,
el mundo y los que lo habitan.

Porque él la fundó sobre los mares
y la fundó sobre los ríos.

¿Quién subirá hasta el monte del Señor?,
¿quién entrará en su recinto santo?

El que tiene manos inocentes
y puro corazón, el que no pone su alma
en cosas vanas ni jura con engaños.

Él recibirá la bendición divina
y la justicia del Dios de su salvación.

Aquí vienen los que lo buscan,
para ver tu rostro, Dios de Jacob.

Oh puertas, levanten sus dinteles,

que se eleven las puertas eternas

para que pase el rey de la gloria.

¿Quién podrá ser el rey de la gloria?

El Señor, Dios de los Ejércitos,

es el único rey de la gloria.

Salmo 24

El hambre

Levantó Abraham sus tiendas para ir al Negueb; pero hubo un hambre en aquella tierra y bajó a Egipto, para peregrinar allí, por haber en aquella tierra gran escasez.

Génesis 12: 9.

Pasados los siete años de abundancia hubo hambre en toda las tierras menos en Egipto, y clamaba el pueblo al faraón por pan, y el faraón decía a todos: "Id a José y haced lo que él os diga…"

Génesis 41: 53-56.

Ya no había pan en toda aquella tierra pues el hambre era muy grande, y Egipto y la tierra de Canan estaban exhaustos por el hambre.

Génesis 47: 13.

 uán dolorosa es el hambre, únicamente lo saben aquellos que la han experimentado. Podemos darnos una remota idea recordando al recién nacido que sólo mediante su llanto comunica el dolor que punza su vientre; si tiene suerte su súplica será atendida y la sonrisa regresará a su rostro. Quién no ha visto escenas de niños, de mujeres, de hombres con hambre. Desgarradoras imágenes de carne pegada al hueso. El hambre no sólo aflige, genera violencia, y como dice la Sagrada Escritura, extenúa a los pueblos.

¿Cuál es la causa de uno de los más horribles males que nos aquejan? ¿Por qué hay muchos con hambre, y muchos más golosos que parecen no quedar jamás satisfechos?

Las razones de Dios nos son desconocidas, pero Dios en su bondad puso a nuestra disposición su palabra. Acercándonos a la Biblia podemos tomar ejemplo. Tomemos pues el caso del hambre que aflije a todos los pueblos de la tierra menos a los súbditos del faraón. Recordemos la historia de José el Soñador a quienes sus hermanos, sintiéndose celosos, habían terminado por vender. José gana el favor del faraón. José interpreta el sueño del faraón en el cual Dios le comunica que habrá siete años de abundancia seguidos de siete años de hambre generalizada. Recordemos de qué manera José acumula todo el trigo que puede hasta saturar sus graneros. Al cabo de siete años, llega el hambre. Los egipcios claman al faraón y éste los remite a José, quien les da el trigo.

El hambre también se siente en la lejana tierra que habitan los celosos hermanos de José, que deben acudir a Egipto a buscar el preciado grano. Cuando ya no pueden comprarlo, cuando ya no tienen más que sus propias personas para pagarse el sustento, terminan por venderse al faraón:

"Cómpranos y compra nuestras tierras por pan, seremos nosotros y nuestras tierras esclavos del faraón.

... y sometió a la servidumbre del faraón tierras y pueblos desde el uno al otro extremo de la tierra de Egipto".

Génesis 47: 19-21.

Y así, el hambre llevó al cautiverio del pueblo de Dios. Dura lección. La envidia, horrendo vicio que incita el mal mismo, provoca el exilio de José. Dios no abandona a los justos, pero sí reprende y castiga a los injustos. Coloca a José en una posición desde la cual puede ayudar pero también lo hace instrumento del castigo a quienes lo ofendieron.

José guardó, en previsión de tiempos difíciles. Se anticipó al advenimiento del hambre; no desperdició, fue prudente. Sin temor, pero con reserva guardó el debido respeto a Dios al no hacer dispendio de sus dones. Es José un ejemplo de qué hacer con la riqueza, no desperdiciarla en vanidades, sino reservarla para el futuro.

El hambre que aqueja a muchos bien puede ser el resultado del dispendio de otros, pero también puede ser causada por la propia desmesura. Injusticia, avaricia, gula, son las causas, el hambre y esclavitud el resultado.

¿Qué podemos hacer? Ante todo no hacernos a un lado, no cerrar los ojos, pero tampoco caer en el engaño; dar de comer un día, no acaba con el hambre; vivir según la enseñanza de Dios garantiza el saciar siempre nuestro apetito. La historia de José es clara, la previsión, el respeto a la voluntad de Dios, el seguir sus órdenes.

Oración de los agonizantes

Señor, Dios mío, en el día grito y de noche me lamento

en tu presencia.

Llegue a ti mi oración, inclina tus oídos a mi voz.

Yo estoy colmado de males

y a punto de caer entre los muertos.

Me cuentan entre los que bajan al sepulcro, soy semejante

a un hombre ya sin fuerzas.

Mi cama está entre los muertos,

soy como los cadáveres acostados

en el sepulcro, de quienes ya

no te acuerdas desde que tu mano los soltó.

Me pusiste en lo más profundo de la fosa,

en lugar oscuro,

en un abismo inmenso.

Los ojos se me nublan de pesar, Señor,

a ti clamo todos los días,

hacia ti extiendo mis manos.

Señor, ¿por qué me rechazas,

por qué escondes de mí tu cara?

Salmo 88

La injusticia

¿Qué es la injusticia? Para conocer acerca de la injusticia primero debemos preguntarnos qué es la justicia. Generalmente pensamos que la justicia se relaciona sólo con los seres humanos, hablamos de las injusticias cometidas por nuestro jefe, nuestros padres o nuestros vecinos pero nos equivocamos pues la justicia pertenece sólo a Dios. La justicia es la virtud que relaciona a los hombres con Dios. Dios es justo y es la personificación de la justicia misma; por esa razón dice Isaías: "Toda nuestra justicia es como vestido inmundo" (Isaías 64: 6). La justicia o injusticia de los hombres no es la justicia verdadera; más todavía: los hombres solamente pueden ser injustos, pretender lo contrario es un acto de soberbia. Por esa razón cuando hablamos de la justicia humana nos referimos ante todo a acciones que calificamos como justas o injustas en función del bien o del mal que provocan a otros hombres. Es por esa razón que cualquier justicia que el hombre tenga es de Dios, sólo podemos hablar de justicia si estamos pensando en Dios, y cuando hablamos de los hombres nos referimos a sus actos. En conclusión, la única justicia verdadera sólo procede de Dios.

Entendamos por justicia el darle a cada quien lo que le es debido. Sabemos que el deber implica responsabilidad, por esa razón Dios nos juzgará a todos y nos dará lo que merecemos por nuestras acciones. Sólo Dios es el juez supremo, sólo Él nos salvará o nos condenará. De ahí que el Hijo de Dios haya bendecido a los hambrientos de justicia, la bienaventuranza por Él expresada se refiere precisa y únicamente a la búsqueda de Dios, a la voluntad de salvación expresada en la fe que se profesa al verdadero Dios.

Toda vez que hemos comprendido que los hombrea por sí solos no puden ser verdaderamente justos podemos acercarnos a la comprensión de la injusticia. En principio debemos considerar que toda injusticia es una ofensa a Dios mismo, pues implica hacerle daño al próximo a quien hemos prometido amar como a Dios mismo.

¿En qué consiste ese daño? La respuesta es tan variada como todas nuestras acciones, somos injustos cuando prometemos algo que no cumplimos, somos injustos cuando faltamos al trabajo, somos injustos cuando abusamos de la inocencia de un niño o de cualquier persona. Somos injustos cuando hacemos daño a la naturaleza. Podemos ser injustos con el próximo, pero también con nosotros mismos, desatender nuestros deberes para con Dios es sin duda la mayor de las injusticias pues nos genera un daño infinito.

No se necesita ser muy poderoso para ser injusto, pues cualquier ser humano tiene delante de él un sinmúmero de seres que dependen de sus acciones. Los gobiernos pueden ser injustos, pueden negarse a darle a sus gobernados lo que merecen o peor aún lo que necesitan, desatendiendo así el cometido que todos les hemos dado. Los padres corren el enorme riesgo de cometer injusticias para con sus pequeños, injusticia ésta muy dolorosa pues conlleva también una traición, los niños confían ciegamente en sus padres, son ellos quizá los que cumplen casi plenamente con el precepto de amar sin condiciones. Y ¿quién no se ha dejado llevar más de una vez por la irresponsabilidad ante el prójimo?

Algunos paganos, como ciertos filósofos griegos se acercaron a la verdad que sería posteriormente revelada por el Hijo de Dios. La justicia, decían ellos, es una virtud y un hábito. Como virtud que es, nos indica el recto camino entre el exceso y la carencia, nos dice qué es lo correcto. Por eso la justicia se representa como una dama ciega que sostiene una balanza que debe permanecer en equilibrio. La justicia es un hábito, su ejercicio es cotidiano y forzoso. Si somos justos siempre actuamos en función del bien hacia los demás y, al hacerlo, nos hacemos un bien a nosotros mismos.

Es injusto aquel que, con sus acciones, no sólo genera un daño, sino que además, arrebata a los demás lo que les pertenece. De ahí que sepamos que el mal es la causa de todas las injusticias de este mundo. Se arrebata lo que no se tiene, lo que se desea. El enemigo de Dios desde siempre ha sentido envidia, desea lo que sólo pertenece a Dios, por eso provoca el pecado, ofrece piedras y falsos dioses a quienes adorar, provocando que los hombres desvíen sus ojos del verdadero dispensador de justicia. El mismo enemigo genera discordia y violencia; su odio hacia los hombres es tan grande que los pone a pelear unos contra otros, quiere que se arrebaten sus propiedades, que se escalvicen, que pierdan lo que han ganado.

Dios, como sabemos, no puede ser injusto. Por esa razón en la injusticia sólo debemos ver a su enemigo. Alejarnos, descubrir la maldad en la injusticia es nuestro deber para con Dios y para con nuestros hermanos.

Dios, mi defensa

Dios mío, líbrame de mis enemigos,
defiéndeme de los que me atacan;
líbrame de los que obran injusticias, sálvame
de los hombres criminales.

Mira cómo acechan a mi vida, cómo los poderosos
conspiran contra mí.

Señor, en mí no hay crimen ni pecado, estoy sin culpa;
pero ellos se lanzan sobre mí y me atacan.

Vuelven al atardecer ladrando como perros,
y van dando vueltas por la ciudad.
Mira cómo se jactan y lanzan palabras de violencia.

Oh, Dios, fortaleza mía, en ti esperaré; Dios es para mí
una ciudad amurallada.

Yo celebraré tu poder y desde la mañana me alegraré

por tu bondad, porque tú eres mi defensa

y mi refugio en el día de mi angustia.

Te cantaré, fuerza mía, porque tú,

oh Dios, eres mi defensa.

Salmo 5

La guerra

¿Y de dónde entre vosotros tantas guerras y contiendas? ¿No procede de vuestras voluptuo-sidades, que luchan en vuestros miembros? Codiciáis y no tenéis; matáis, ardéis en envi-dia, y no alcanzáis nada, os combatís y hacéis la guerra, y no tenéis porque no pedís…

Santiago 4: 1.

Era la tierra toda una sola lengua y de unas mismas palabras.

Génesis 11: 1.

Bajó Yahvé a ver la ciudad y la torre que estaban haciendo los hijos de los hombres y se dijo: He aquí un pueblo uno pues tienen todos una lengua sola. Se han pro-puesto esto y nada les impedirá llevarlo a cabo. Bajemos pues y confundamos su lengua de modo que no se entiendan unos a otros. Y los dispersó de allí Yahvé por toda la haz de la tierra, y así cesaron de edificar la ciudad.

Génesis 11: 5-9.

Cuando vayas a hacer la guerra a tus enemigos, al ver los caballos y los carros de un pueblo más poderoso que tú, no les temerás porque Yahvé, tu Dios, que te sacó de Egipto, está contigo.

Deuteronomio 20: 1.

… del botín de guerra y de los despojos para la casa de Yahvé.

1Crónicas/ Paralipómenos 26: 27.

En tiempos de hambre te redimirá de la muerte y en tiempos de guerra del poder de la espada.

Job 5: 20.

Más vale la sabiduría que las armas de guerra, y un yerro destruye mucho bien.

Eclesiastés 9: 18.

Hubo contiendas entre los pastores del ganado de Abraham y los del ganado de Lot. Dijo, pues, Abraham a Lot: "Que no haya contiendas entre nosotros ni entre mis pastores y los tuyos, pues somos hermanos".

Génesis 1: 7- 8.

Todos los días despertamos con las noticias de la guerra. Hay guerra lejos de casa, en países remotos. Naciones enteras están en lucha en los cinco continentes. Nos preguntamos ¿por qué se estarán matando en ese país? ¿cuál es la razón de tanta violencia, desolación y ruina? Con curiosidad tratamos de entender el motivo de tanto dolor humano. Nos adentramos en el terreno del horror, luchas entre hermanos, causas verdaderas o inventadas, territorios arrebatados o recuperados. Cansados, terminamos por convencernos de que en realidad, los detalles de cada guerra son insignificantes al lado de la destrucción y muerte que conllevan. Nos conmovemos ante el dolor, o nos preocupamos por nuestros seres queridos que pueden estar involucrados en la contienda. Es entonces cuando acudimos a la Escritura pues sabemos que en ella encontraremos la verdad acerca de la causa de esta pesadilla.

Sabemos que en el principio de los tiempos reinaba la armonía. Pero también sabemos que no sin razón el fruto prohibido se conoce como la "manzana de la discordia". Santiago, en su Epístola, nos ilumina acerca de las causas de la guerra: son las voluptuosidades, es decir, los deseos desenfrenados, la codicia, el temor y la envidia los pecados que disparan los gatillos de las armas. En efecto, desde el momento del pecado original la discordia se adueñó del mundo. Con la caída comenzó la historia humana; una historia que, desde el principio, ha estado marcada por la guerra. En un amplio sentido, se trata de la guerra entre el bien y el mal, batalla que se refleja cotidianamente en las luchas entre los hombres. Éstos han olvidado la hermandad que los une, hablan como lo relata el Génesis, distintas lenguas, incapaces de ponerse de acuerdo, están dispersos por toda la faz de la tierra (Génesis 11: 5); es sólo cuestión de tiempo para que, olvidando el precepto del Eclesiastés: "Más vale la sabiduría que las armas de guerra" (Eclesiastés 9: 18), abandonen el diálogo y se sumerjan en la disputa.

Las causas de las guerras son tan variadas como la vida de cada pueblo. Tomemos la historia de la disputa entre Abraham y Lot. "Hubo contiendas entre los pastores del ganado de Abraham y los del ganado de Lot", la causa del desacuerdo había sido el terreno en el que pastaban los rebaños de cada hermano. La solución a la contienda, nos relata la Escritura, fue la sabia repartición de las tierras: unos rebaños pastaron a la izquierda de cierto límite y otros a la derecha. Esta vez no hubo mayor violencia. Pero la Escritura contiene numerosas historias de las muchas contiendas que libró el pueblo elegido. Estas guerras son de dos tipos, las hay ofensivas y defensivas. Nada ha cambiado, las guerras de hoy son muy parecidas, están quienes atacan, con o sin causa, y quienes se defienden; sólo han cambiado las armas. De las lanzas y las rodelas hemos pasado a los misiles dirigidos a control remoto. Seguimos observando muerte y destrucción, la única diferencia es que ahora se mata a distancia o peor aún, existen personas que se transforman a sí mismas en armas. De sobra conocemos los dolorosos ejemplos de contiendas que rebasan cualquier límite, que atacan indiscriminadamente a inocentes. Hoy en día los tratados internacionales, diseñados para no cometer abusos no se respetan, son violados por todos los bandos involucrados en cualquier guerra. La muerte de los inocentes es sin duda el aspecto más doloroso de cualquier contienda, pues, al contrario de lo que ocurre con los ejércitos, la población civil generalmente no eligió participar de la lucha.

Es necesario preguntarnos ¿existe alguna guerra que sea legítima? La Biblia es un libro de amor, el Hijo de Dios lleva a la tierra un mensaje de paz; pero la Escritura, en especial el Antiguo Testamento, contiene los relatos de numerosas batallas libradas por el pueblo de Israel. La escritura nos dice que Dios estará al lado de su pueblo en cualquier combate, incluso en los más desiguales, "no temas" le recomienda. Ir a la guerra confiados en la protección de Dios, sabedores de que estará al lado de su pueblo. Dios pues permite la guerra, autoriza a su pueblo a pelear la mayor parte de las veces en legítima defensa.

Pero ¿será siempre así? Recordemos que Dios, que es todo bondad, también es justo, y que por esa razón debemos darle lo que a Él pertenece, si esto se aplica en la vida cotidiana, con mayor razón en épocas de guerra. La escritura nos indica a dónde debe parar el botín de guerra, no a las arcas de algunos pues "del botín y de los despojos para la casa de Yahvé" (1 Crónicas/Paralipómenos 26: 27). Nos podemos imaginar cuánto mal hacen aquellos que sacan beneficio personal de las contiendas. Por la misma razón, cada vez que nos llamen a la guerra debemos ser cuidadosos. Cualquiera que sea la campaña, y sea quien sea el enemigo, debemos acudir como siempre a la fuente de sabiduría eterna que es la Biblia. Ella nos dice que "más vale la sabiduría que las armas de guerra", significa esto que debemos poner en la balanza cada una de las razones que justifican un acto de guerra. No es una tarea vana, pues corremos el riesgo de cometer un acto de enorme injusticia, podemos, aun sin quererlo y llevados por pasiones que no siempre nos pertenecen, ponernos al servicio no de Dios, sino de algunos que sólo buscan su personal beneficio.

Si por el contrario, observamos que la guerra se justifica pues quienes la promueven o la libran lo hacen para defender aquello que está bien, y que al hacerlo no descuidan, sino que cuidan el servicio a Dios, entonces podemos estar tranquilos; se tratará de una guerra que goza del favor de Dios.

Hagamos finalmente una pregunta ¿por qué razón permite Dios que haya guerras si Él es un Dios de paz? La respuesta es simple: la guerra no es asunto de Dios, es asunto sólo de los hombres, pues recordemos que en el Reino de Dios no existe la discordia, no existió al principio y no existirá al final de los tiempos. La guerra nació inmediatamente después que el pecado, es su hermana, camina a la par de la envidia, la violencia, la avaricia, el rencor, y de todos aquellos vicios que aquejan a la humanidad.

¿Se acabarán las guerras algún día? Es una pregunta que no podemos responder, pero Dios nos dio la esperanza, y a ella debemos aferrarnos.

Oración matutina

Oh Dios, cuántos son mis enemigos, cuántos los que se alzan

contra mí, cuántos los que dicen de mi vida:

"Dios no puede ser su salvación."

Mas tú, mi Dios, eres el escudo que me defiende, eres mi

gloria y sostienes mi cabeza. A voz en cuello clamo a mi

Señor y él me responde desde su monte santo. Yo así me

acueste, me duerma o me levante, sé que Dios me ayuda.

No temo a las multitudes que vienen a enfrentarme

de todas partes. ¡Levántate, Señor, sálvame, oh Dios!

Tú les pegas en la cara a mis contrarios y les rompes

los dientes a los malos. ¡La salvación es cosa del Señor!

Manda tu bendición sobre tu pueblo.

Salmo 3

Los desastres naturales

Viendo Yahvé cuánto había crecido la maldad del hombre sobre la tierra y que su corazón no tramaba sino aviesos designios todo el día, se arrepintió de haber hecho al hombre en la tierra doliéndose gravemente en su corazón y dijo: voy a exterminar al hombre que creé de la haz de la tierra, y con el hombre a los ganados, reptiles y hasta las aves del cielo, pues me pesa haberlos hecho, pero Noé halló gracia a los ojos de Yahvé.

Génesis 6: 5-8.

A los seiscientos años de la vida de Noé, el segundo mes, el día diecisiete de él, se rompieron todas las fuentes del abismo, se abrieron todas las cataratas del cielo y estuvo lloviendo sobre la tierra por cuarenta días y cuarenta noches.

Génesis 7: 11-13.

Porque esta vez voy a desencadenar todas mis plagas contra ti, contra tus servidores y contra tu pueblo para que sepas que no hay como Yo en toda la tierra.

Éxodo 9: 14.

Cuando hubo subido a la nave, le siguieron sus discípulos. Se produjo en el mar una agitación grande, tal que las olas cubrían la nave, pero Él entre tanto dormía, y acercándose lo despertaron diciendo: "Señor, sálvanos, que pereceremos". Él les dijo: "¿Porqué teméis hombres de poca fe?" Entonces se levantó e increpó a los vientos y al mar, y sobrevino una gran calma.

Mateo 8: 23.

Sabéis discernir el aspecto del cielo, pero no sabéis distinguir las señales de los tiempos.

Mateo 16: 3.

n día como cualquiera despertamos y nos dispo-
nemos a salir de casa, vamos camino al trabajo, a
la escuela, a hacer la compra, y de repente, súbitamente todo se estremece: la tierra se mueve bajo nuestros
pies, el mar se retira y regresa después en forma de gigantesca ola que todo lo arrasa, el fuego del bosque cercano se
acerca peligrosamente a nuestra morada, algún volcán arro-
ja ceniza, piedras o lava incandescente. Quien no ha experimentado una catástrofe natural no conoce la ira de Dios.
Atónitos, nos postramos y miramos al cielo buscando una
explicación: no nos equivocamos, es Dios en efecto la causa
de cualquier acontecimiento que altere el curso normal y
rutinario de la naturaleza. Recordemos que la naturaleza
y todo lo que ella contiene es obra de la Creación, por eso
Dios decide cuándo, cómo y a quién enviará alguna de las
numerosas catástrofes con las que puede aquejarnos.

¿Por qué Dios decide enviarnos alguna catástrofe? Encontramos la respuesta en nuestra única fuente de sabiduría.
Recordemos, el primer azote que Dios envió a los hombres
fue el Diluvio; el libro del Génesis nos explica la razón: la
maldad había crecido demasiado sobre la tierra, al grado
que todos los hombres, menos uno y su familia, merecían
el favor divino de la vida. Así pues llovió y llovió sobre la
tierra. Tratemos de imaginar aunque sea por un momento
la desesperación que sintieron las personas. Miguel Ángel,
el gran artista florentino, plasmó esa desesperación en los

frescos que adornan la Capilla Sixtina en Roma. El caso del Diluvio así como de otras catástrofes que aparecen entre las páginas de la Escritura se explican por el enojo de Dios con su propio pueblo. Son un castigo por nuestros pecados. Dios nos tiene paciencia: imaginemos de qué tamaño debe ser su enojo para con algunos que envía castigos que igualmente afectan a muchos. Nos preguntamos a veces con desesperación por qué mueren inocentes. Tenemos la certeza de encontrar consuelo en la seguridad de la vida eterna con que Dios premia a quienes lo han merecido.

Existen también numerosos casos en los que Dios castiga a los infieles, a los paganos, a quienes se niegan a creer en su poder inconmensurable. Éste es el caso de las plagas que envió contra Egipto. Dios convirtió el agua en sangre para asombro de todos los que, aun presenciándolo, continuaron empecinados en su falta de fe; después envió crueles y horrendos insectos, enfermedades, hasta que finalmente azotó a los egipcios con la plaga más dura que podemos imaginar: la muerte de los primogénitos.

Pocos acontecimientos generan un sentimiento de impotencia mayor al que provoca el haber experimentado personalmente uno de esos terribles castigos divinos. Ante Dios y las fuerzas que desata estamos desnudos, indefensos y temerosos. Como lo relata Mateo, sólo el Hijo de Dios pudo interceder entre la naturaleza y su padre para calmar un mar hostil. A nosotros, simples humanos, sólo nos queda esperar a que pase la tormenta, suplicar a Dios que calme su ira.

La ciencia moderna sostiene que no hay manera de predecir alguna catástrofe natural. La sabiduría de la Biblia nos permite conservar la esperanza. Es verdad, no se puede predecir, pero tú y yo podemos y debemos atender a todas las señales que Dios nos envía. Dios nos habla todo el tiempo, escúchalo.

Oración en la desgracia

Señor, no me castigues en tu indignación,
no me reproches en tu enojo.

Tus flechas me traspasaron,
tu mano se descargó contra mí.

Tu cólera no dejó sana ninguna parte de mi cuerpo,
y no hay descanso para mí después de mi pecado.

Mis culpas me llegan hasta la coronilla
y su peso sobrepasa mis fuerzas.

Quebrantado, deshecho, agotado,
dejo oír los rugidos de mi corazón.

Señor, te expongo mis ansias,
no se te ocultan mis suspiros.

Se me agita el corazón, las fuerzas me abandonan
y hasta la luz huye de mis ojos.

Tengo que reconocer mi maldad;
mi falta me tiene inquieto.

Son muchos los que buscan mi muerte,
son incontables los que sin causa me odian,
los que me devuelven mal por bien.

No me abandones, Señor Dios mío, no te alejes de mí; ven
rápido en mi ayuda, Señor, salvador mío.

Salmo 38